Kerstin Werner

Vertrauen ist der Schlüssel

www.kerstin-werner.de

Bibliografische Information der Deutschen Nationalbibliothek:
Die Deutsche Nationalbibliothek verzeichnet diese Publikation
in der Deutschen Nationalbibliografie; detaillierte Daten sind im
Internet über http://dnb.dnb.de abrufbar.

© 2013 Kerstin Werner
www.kerstin-werner.de

Lektorat: Elsa Rieger
www.elsarieger.at

Illustrationen: Ulrike Hirsch
www.ulrike-hirsch.de

CreateSpace Independent Publishing Platform
ISBN-13: 978-1490515038
ISBN-10: 1490515038

Alle Rechte vorbehalten.

Inhaltsverzeichnis

Im Karussell des Lebens	11
Wenn neues Leben anklopft	13
Was bist du dir wert?	19
Wie Wunden heilen	27
Angst vor dem, was kommt	29
Prüfungen des Lebens	34
Warum sind andere erfolgreicher?	35
Die Marmeladen-Geschichte	37
Es ist wie es ist	41
Der Weg zum Glück	47
Eine berührende Nikolausgeschichte	49
Mein Chef lobt mich nie	51
Die Erlaubnis	57
Liebst du, was du tust?	59
In den Tiefen des Meeres	73
Mach es gut, liebes Leid!	74

Geschenke des Lebens	75
Leben lieben	77
Herr Selbstzweifel sucht ein Hotel	78
In der Ruhe liegt die Kraft	79
Auf dem Weg zur Sonne	83
Ubuntu	85
Adoption des Herzens	87
Vertrauen ist der Schlüssel	93

Vorwort der Autorin

Bevor ich wusste, dass Vertrauen der Schlüssel ist, habe ich viel gekämpft. Manchmal gegen andere, oft auch gegen mich selbst. Und egal, welchen Kampf ich durchgestanden hatte, am Ende dachte ich bei mir: Wieso hast du eigentlich nun so gekämpft? Muss derart viel Anstrengung sein, um anschließend Frieden fühlen zu können? Gibt es keinen direkten Weg dorthin? Aber es scheint wohl so, dass es nicht nur mir so geht und die Kämpfe des Lebens dazu gehören, um irgendwann feststellen zu können: Wir brauchen keine Waffen und die Rüstung kann abgelegt werden!

**Das, was uns in die Heilung führt,
ist ein offenes Herz und Vertrauen.**

Vertrauen in uns selbst und in den Weg, den wir gehen. In meinem Buch „Gefühle zeigen erlaubt" schrieb ich, dass ich einfach losmarschiert sei Richtung Sonne, obwohl ich den Weg dorthin nicht kannte, in der Hoffnung, dass der Weg das Ziel ist. Aus heutiger Sicht kann ich genau das bestätigen. Heute würde ich es nur anders formulieren. Ich glaube nämlich inzwischen, dass es gar kein Ziel gibt.

Denn gesetzt den Fall, wir tragen alles in uns, was wir zu einem glücklichen Leben brauchen, wieso sollten wir uns dann auf einen Weg machen? Auf welchen Weg? Wohin? Wenn wir doch schon da sind ...

Es ist paradox, dass wir ständig auf der Suche sind, obwohl alles da ist, was wir für das eigene Glück brauchen.

Natürlich gehen wir alle unseren persönlichen Weg. Aber für mich ist es heute nicht mehr so wichtig, wo er hinführt.

**Viel wichtiger ist,
dass ich auf meinem Weg lebe.**

Dass ich mir selbst die Erlaubnis gebe, meine Gefühle zuzulassen. Dass ich den Menschen auf meinem Weg authentisch begegne, mit allem was da ist. Dass ich zu mir stehe, so, wie ich bin. Dass ich mir selbst treu bleibe, auch wenn ich andere damit vor den Kopf stoße. Dass ich sage, was ich denke und fühle und nicht das, was andere hören wollen. Dass ich auch in den Stürmen des Lebens an mich glaube. Dass ich darauf vertraue, dass alles einen Sinn hat, obwohl ich ihn nicht immer sofort erkenne.

Und wenn mir das mal nicht gelingt, dann versuche ich genau DAS auch zu leben. Die Traurigkeit, die dann vielleicht da ist, ebenso wie die Wut und andere Gefühle, die ich ja eigentlich viel lieber weghaben will. Denn sie sind ja eh da. Und alles, was da ist, will gelebt werden.

Ich war lange Zeit auf meinem Weg so ein richtiger „Zielefuzzi". Mir wurde beigebracht: Du brauchst

Ziele, wenn du etwas erreichen willst. Ich war ehrgeizig und immer bestrebt, etwas zu erreichen. Das Wort „Ehrgeiz" spricht ja schon für sich: Ich war geizig mit der Ehre. Weil ich immer alles haben wollte. Für mich. Ich wollte die Beste sein. Ich wollte, dass alle zu mir aufschauen. Ich konnte nicht gönnen, weil ich dachte, wenn jemand anderer das hat, was ich haben will, ist für mich nichts mehr da. Puuuuh. Ganz schön anstrengend, die eigenen Minderwertigkeitsgefühle so zu kompensieren!

Heute frage ich mich: Wer sagt, dass man Ziele haben muss, um etwas zu erreichen? Ja, wer genau sagt das denn bitteschön? Ist das wirklich wahr? Könnte es denn nicht auch sein, dass sich alles ganz anders entwickelt, wenn wir darauf vertrauen, dass jeder Schritt, den wir auf unserem Weg gehen, uns dahin bringt, wo wir hin sollen? Wieso festlegen auf etwas Bestimmtes? Wieso nicht offen lassen, was kommt und darauf vertrauen, dass es passen wird?

Ich weiß, dass diese Worte gerne ein „Ja, aber ..." hervorrufen. Geht mir ja manchmal nicht anders. Aber vielleicht hörst du diese innere Stimme auch in dir, die noch zaghaft, aber hoffnungsvoll sagt: „Ja, könnte sein, dass es so einfach geht. Eigentlich wäre es sogar ein Traum, Vertrauen im Alltag so einfach leben zu können."

So war es bei mir zumindest. Und diese innere Stimme wurde immer deutlicher. Je mehr ich vertraute, desto weniger plante ich. Und je weniger ich plante, desto mehr Erfreuliches passierte unvorhergesehen in meinem Leben. Einfach so.

Und nun wünsche ich dir beim Lesen dieses Buches, dass du in deine Welt eintauchst. Dass du dir einen Blick in deine Seele gestattest, die Streicheleinheiten für dein Herz zulässt, und dass du den Trost spürst, den ich dir in meine Worte gelegt habe.

Es sind Geschichten aus dem Leben und Metaphern, die im Unterbewussten wirken. Du musst dafür nichts tun. Gib dir einfach nur die Erlaubnis, dass sich dein Herz während dem Lesen öffnen darf. Denn ich bin mir sicher, unsere beiden Herzen werden sich dann begegnen. Ich habe meins in diesem Buch geöffnet und meinen Tränen freien Lauf gelassen. Ich lade dich ein, dies auch zu tun …

Zuletzt möchte ich dir noch sagen: Tränen sind ein Beschleuniger auf dem Weg. Verurteile dich nicht, wenn sie kommen, sondern lass sie zu und nimm sie in Liebe und Dankbarkeit an. Es ist an der Zeit, unsere Gefühle aus der Gefriertruhe zu nehmen und anzufangen, sie mit dem Herzen zu erwärmen, um sie endlich alle leben zu können.

Alles Liebe
Kerstin

Im Karussell des Lebens

Runde für Runde dreht sich mein Karussell im Kreis. Ich will raus, weiß aber nicht wie. Und so wechsele ich. Vom Pferdchen zum Feuerwehrauto. Vom Feuerwehrauto zum Traktor. Vom Traktor zum Flieger.

Meine Position verändert sich.
Aber das Karussell dreht sich weiter.

So langsam wird mir schlecht. Ich schaue mich um. Keiner beachtet mich. Ich winke. Es beachtet mich immer noch niemand.

Ich halte aus.
Runde für Runde.

Aber irgendwann geht es nicht mehr. Ich mache meinen Mund auf. „Mir wird schlecht, halten Sie an!", rufe ich. Und siehe da: Ich werde erhört!

Der Mann am Fahrkartenschalter steigt aus seinem Häuschen. Er drückt auf einen Knopf. Das Karussell hält an.

Ich steige aus.
Endlich!

Nun kenne ich den Knopf auch …

Wenn neues Leben anklopft

Manuela saß auf ihrem Bett und hielt den Schwangerschaftstest in der Hand. Die zwei rosa Streifen waren eindeutig. Schwanger! Das hatte ihr gerade noch gefehlt. Dabei hatte sie nicht einmal die Adresse von dem jungen Mann, mit dem sie geschlafen hatte. Es war ein One-Night-Stand nach einer Party gewesen, auf der sie einiges getrunken hatte.

In ihrem Kopf kreisten viele Fragen: Was mache ich nur? Wie soll ich für das Kind sorgen? Soll ich abtreiben? Darf ich einem neuen Kind das Leben kaputt machen? Kann ein Kind ohne Vater aufwachsen? Sie war verzweifelt und Tränen liefen ihr die Wangen runter.

Mit 25 Jahren stand Manuela fest im Berufsleben. Sie war als Angestellte in einer Bank tätig und ging tagein, tagaus ihrem Alltagstrott nach. Glücklich war sie damit nicht, auch hatte sie sich immer Kinder gewünscht. Aber jetzt, wo die Situation da war, erschien ihr das Leben als Angestellte doch sicherer. So wollte sie das jetzt auch nicht. Außerdem hatte sie selbst noch so einiges aus ihrer Kindheit aufzuarbeiten und fühlte sich schon deshalb nicht im Stande, Verantwortung für ein Kind zu übernehmen. Wie sollte das gut gehen?

Aber es half nun nichts, sie musste sich ernsthafte Gedanken darüber machen, was sie eigentlich genau im Leben wollte. Nur allein war das in ihrem Zustand gerade unmöglich herauszufinden. Sie rief ihre beste Freundin an.

„Simone, kannst du zu mir kommen? Ich brauche dich jetzt", schluchzte sie durch den Hörer, als sie die vertraute Stimme ihrer Freundin hörte.

„Was ist denn los?", fragte Simone ganz besorgt, denn so kannte sie Manuela nicht.

„Frag bitte nicht, sondern komm zu mir!"

„Okay, warte bitte kurz, in einer halben Stunde bin ich bei dir."

Manuela war dankbar, dass Simone den Ernst der Lage sofort erkannte. Auf ihre beste Freundin war eben Verlass. Die halbe Stunde sollte sie jetzt auch noch rumbekommen. Sie schob eine CD mit Meditations-Musik in den Player und legte sich aufs Bett. Obwohl sie wusste, dass sie sich in dieser Situation nicht beruhigen konnte, musste sie sich irgendwie runterfahren. Und da läutete es auch schon. Sie rannte an die Tür, öffnete und fiel Simone erleichtert in die Arme. Jetzt konnte sie ihren Tränen endlich freien Lauf lassen.

„Ja, wein dich ruhig aus", sagte Simone verständnisvoll, während Manuela an ihrer Schulter schluchzte und ihre Bluse durchnässte.

Nach einer Weile setzten sie sich aufs Bett.

„Ich weiß gar nicht wo ich anfangen soll", klagte Manuela.

„Fang einfach an, ich sage dir, wenn ich nicht mitkomme."

„Kannst du dich noch an den Abend in dieser Cocktail-Bar erinnern? Da lernte ich Jens kennen. Wir waren uns von Beginn an sympathisch und flirteten hemmungslos. Nachdem ich ein paar Cocktails zu viel getrunken hatte, sind wir zu mir gegangen. Wir landeten im Bett und gaben uns unserer Lust hin. Morgens, als ich aufwachte, war er fort. Ohne ein Wort. Einfach weg. Und jetzt … jetzt bin ich … jetzt bin ich schwanger", stotterte Manuela, weil sie kaum wagte, es auszusprechen.

Im selben Atemzug überkam sie der nächste Heulflash. Simone war im ersten Moment sprachlos und konnte überhaupt nichts sagen.

Sie versuchte Manuela zu trösten, dann sagte sie:

„Ich kann mich nur ansatzweise in deine Situation hinein versetzen und fühle wirklich mit dir. Dann wirst du wohl jetzt auf einen Prüfstand des Lebens gestellt. Du hast dir ja schon länger Gedanken darüber gemacht, ob du weiterhin in der Bank bleiben willst. Vielleicht ist das jetzt die Chance, dein Leben neu zu gestalten?"

„Oh Simone, wenn du wüsstest, was die Situation gerade mit mir macht. Wie soll ich denn Verantwortung für ein Kind übernehmen, wenn ich selbst noch so viel aufzuarbeiten habe?", schluchzte Manuela weiter.

Simone konnte diesen Satz fast nicht mehr hören. Und plötzlich platzten es aus ihr raus: „Manuela, wie lange willst du noch in deiner Opferrolle aushalten? Wenn du dich ständig darauf fokussierst, was noch alles aufzuarbeiten ist, hängst du immer in dieser Mühle des Selbstmitleids. Du stellst fest, was du noch nicht kannst oder noch nicht bist und entfernst dich dadurch von dir selbst weiter weg als dir lieb ist. Wach auf! Das Leben ist JETZT! Du bist schwanger. Du bist eine erwachsene Frau! Du bist toll! Du bist gut so wie du bist! Übernimm Verantwortung. Verantwortung für dich. Gib deinem Leben eine Chance. Du kannst das. Aber nur, wenn du endlich JA sagst. JA zu deinen Gefühlen. JA zu dir selbst. Und wenn du JA zum Leben sagst, dann wird auch dein Kind JA zu dir sagen können."

Manuelas Augen füllten sich erneut mit Tränen. Sie rang nach Worten. Und dann kam plötzlich ein leises verschämtes „Ich habe Angst" über ihre Lippen. Simone umarmte ihre Freundin und Manuelas Tränen nahmen kein Ende mehr.

„Was wäre, wenn es völlig okay wäre, dass du in dieser Situation auch Angst hast?", fragte Simone mitfühlend.

„Das wäre hilfreich. Dann könnte ich leichter gehen. Dann könnte ich mich vielleicht auch dazu entscheiden, ein neues Leben zu führen."

„Du hast dich soeben dafür entschieden, deine vorhandenen Gefühle anzunehmen. Genau das ist es, was die Lösung hervorbringt. Lass zu, dass auch Angst da sein darf. Und in dem Moment, wo du deine Angst annimmst, wird sie schwächer. Die Angst verwandelt sich. Wenn die Angst geht, kommt das Vertrauen. Die negativen Gefühle können sich erst verändern, wenn sie bejahend gefühlt wurden."

Erleichterung machte sich in Manuela breit.

Obwohl sie in den Wochen darauf nicht wusste, wo ihr der Kopf stand, entschied sie sich, das Baby zur Welt zur bringen. Sie sagte JA zur Unsicherheit und JA zu den Zweifeln, die da waren. Sie sagte JA zu allem, was sie auf ihrem Weg begleitete. Sie hatte sich für ihr neues Leben entschieden und war bereit, Selbstverantwortung zu übernehmen und die Konsequenzen zu tragen.

Danach folgten Monate, in denen sie immer wieder mal an ihrer Entscheidung zweifelte. Sie wusste nicht, wie dieses neue Leben genau aussehen würde. Aber sie wusste, wenn sie sich nicht mit dem neuen Leben, ihren Zweifeln und den damit verbunden Ängsten konfrontierte, würde sie niemals erfahren, wie es sich anfühlte.

Neun Monate später gebar sie dann einen kleinen gesunden Jungen. Direkt nach der Geburt wurde ihr der Kleine auf die Brust gelegt. Manuela liefen Freudentränen an den Wangen runter. Sie küsste ihn liebevoll auf den Kopf und streichelte seinen Rücken.

Zum Glück hatte sie trotz Ängsten und Zweifeln ihrem neuen Leben Einlass gewährt ...

Was bist du dir wert?

Verflucht! Martin regte sich schon wieder darüber auf, dass er immer noch zu wenig Geld für seine Kunstwerke nahm, die er nebenher verkaufte. Er würde so gerne von der Malerei leben, weil er das mit dem Herzen tat und viel Freude dran hatte. Aber wer würde schon für seine Bilder viel Geld ausgeben? Diese Frage beschäftigte ihn schon länger. Im Grunde genommen zerriss sie ihn förmlich, weil er sich so unsicher war. Manchmal fühlte er sich wie ein Schiff, das auf dem Ozean umherirrte und die Orientierung verloren hatte.

Doch dann kam dieser eine Tag, der seine Sichtweise schlagartig veränderte. Ein Kunde rief an. Martin war ihm empfohlen worden und nun gab der Interessent bei ihm ein Gemälde in Auftrag, welches einen großen Seminarraum schmücken solle. Dieser Kunde, der auch die Seminare in diesem Raum leitete, sagte: „Am einfachsten wäre, Sie kämen her, um sich den Raum anzuschauen. Wenn ich Ihre bisherigen Arbeiten auf der Homepage sehe, von denen ich sehr angetan bin, dann glaube ich, dass Sie sich sehr gut in das rein fühlen können, was ich benötige. Da ist dann vielleicht jedes gesprochene Wort überflüssig. Denn Ihr Herz wird Sie leiten, davon bin ich überzeugt."

Okay, gesagt, getan. Martin setzte sich ins Auto, der Ort mit dem Seminarraum lag 25 km von ihm entfernt. Als er diesen großen hellen Raum betrat, überkam ihn sofort ein Gefühl der Weite, der Wärme und Vertrautheit. Er wusste bereits nach ein paar Minuten, was er zu malen hatte. Und es war genauso wie der Seminarleiter sagte: Sein Herz wusste, was zu tun war. Als er zu Hause ankam, nahm Martin die große Leinwand 4 x 6 Meter, die ihm zuvor fast unüberwindlich groß vorgekommen war und an die er sich auch noch nie ran getraut hatte. Aber genau in diesem Moment passte alles und er fing an, seine Pinsel zu schwingen. Den ganzen Abend verbrachte Martin damit, das Kunstwerk entstehen zu lassen. Am nächsten Tag konnte er sich kaum auf seine eigentliche Arbeit im Büro konzentrieren, weil ihm ständig das Gemälde vor dem geistigen Auge erschien. Er freute sich schon auf den Feierabend, um sich endlich wieder seinem inneren Feuer hingeben zu können.

Zehn Abende benötigte Martin. Dann war das Kunstwerk fertig. Total begeistert rief er den Seminarleiter an.

„Ihr Gemälde, Sie werden es nicht glauben, aber es ist vollendet!", sagte er freudenstrahlend.

Der Seminarleiter war gespannt und deshalb verabredete er gleich ein Treffen für den darauffolgenden Abend. Als er Martins Kunstwerkstatt betrat und sein fertiges Gemälde sah, stockte ihm der Atem.

So etwas unglaublich Schönes hatte er in seinem Leben noch nicht gesehen. Ihm liefen vor lauter Rührung Tränen an den Wangen runter. Bestimmt fünf

Minuten stand er davor und bewunderte sprachlos das Gemälde. Diese Farbkombination aus weiß, gold, gelb und orange spiegelte genau das wider, was er sich für seine Seminare wünschte: Gegenseitiges Vertrauen, innere Wärme und die Möglichkeit, sich fallen zu lassen. Die geschwungenen Formen, die Martin gemalt hatte, drückten Weichheit auf eine ganz besondere Art und Weise aus. Unglaublich, was ihm da gelungen war.

Dem Seminarleiter kam nur ein Wort über die Lippen. Aus tiefstem Herzen sagte er „DANKE!", und umarmte Martin.

Danach setzten sie sich an den Tisch und Martin erzählte, wie das Kunstwerk in seinem Inneren gewachsen ist. Wie die Impulse sofort da waren, als er in diesem Seminarraum stand. Und dass es einfach aus ihm herausgeflossen war, ohne dass er großartig viel dazu hatte tun müssen. Der Seminarleiter war beeindruckt.

Und dann kam die Frage nach dem Preis.

Martin zögerte und sagte dann leise, als wenn er sich dafür schämte: „Das wären dann 500 Euro für Sie", und hoffte insgeheim, dass der Seminarleiter nun nicht nach hinten umkippte. Denn so etwas Großes hatte Martin noch nie zuvor gemalt und so lange hatte er auch noch nie an einem Kunstwerk gesessen. Der Seminarleiter legte 580 Euro auf den Tisch und sagte: „Es ist gut so!"

Martin war irritiert. 80 Euro Trinkgeld? Da lag bestimmt ein Missverständnis vor.

Doch der Seminarleiter redete gleich weiter: „Eine Frage hätte ich aber noch an Sie: Wieso verkaufen Sie Ihre Bilder so günstig? Ich bin ehrlich: Wir hatten zwar nicht über den Preis gesprochen, aber ich war auf einen wesentlich höheren Betrag eingestellt!"

Martin war überrascht. Er hätte mit allem anderen gerechnet, aber nicht mit einer solchen Frage. Was sollte er nun darauf antworten? Am besten die Wahrheit!

„Naja, ich habe oft das Gefühl, nicht mehr Geld nehmen zu können, weil es dann weniger Käufer gibt!"

„Das ist ja interessant. Demnach dürfte kein Maler seine Werke teurer verkaufen als Sie!", schmunzelte der Seminarleiter.

„Sie haben gut lachen. Ich zermartere mir schon lange mein Hirn darüber. Am liebsten würde ich ja auch noch viel mehr malen und mich diesem Fluss hingeben. Aber ich hab das Gefühl, ich bremse mich selbst aus mit meinem Gedanken. Irgendwo in mir drin weiß ich auch, dass ich mehr nehmen müsste, aber ich traue mich nicht."

„Was haben denn andere Maler ihres Erachtens nach, was Ihnen fehlt, damit Sie mehr Geld nehmen könnten und sich dabei wohl fühlen?"

„Selbstbewusstsein!"

„Okay, wenn wir das Wort mal auseinander nehmen, heißt es ja nichts anderes wie: Sich seiner selbst bewusst sein. Das heißt, die Künstler, die mehr Geld verlangen, sind sich bloß ihrer selbst bewusst. Sie nehmen die Welt, in der sie stehen, bloß bewusster wahr und sehen dadurch Dinge, die Sie vielleicht nicht sehen können. Einen anderen Unterschied gibt es nicht. Sind Sie sich darüber bewusst, dass Sie Ihre Spiritualität während dem Malen leben?"

„Was meinen Sie damit genau?", wollte Martin wissen.

„Es ist das, wovon Sie eben sprachen, als Sie mir mit glänzenden Augen erzählten, wie mein Gemälde entstanden ist. Sie sagten, dass es einfach nur aus Ihnen rausgeflossen ist, ohne dass Sie etwas dafür tun mussten. Sie sind quasi Ihrer inneren Wahrheit gefolgt. Sie wurden geführt. Und vor allem: Sie haben sich führen lassen! Genau DAS ist es. Es ist total einfach. Nichts Schweres, nichts, wofür wir hart arbeiten müssen. Es ist einfach da. Es ist mit Leichtigkeit entstanden. Und Sie haben sich dafür geöffnet. Sie lassen es fließen. Nur das war Ihnen bisher nicht bewusst.

Nun kommt noch hinzu, dass wir anders erzogen worden sind. Oft hören wir Sätze wie „Ohne Fleiß kein Preis" oder „Nur wer hart arbeitet, kann erfolgreich werden" usw. Solche Sätze haben uns über Jahre suggeriert, dass wir uns anstrengen müssen, um erfolgreich zu sein. Dass wir viel tun müssen, um Geld zu verdienen.

Genau daraus resultiert dann auch, dass wir ständig das Gefühl haben, Urlaub zu brauchen, um Kraft schöpfen zu können. Wir sind ausgebrannt von Dingen, die wir machen, obwohl sie uns nicht erfüllen. Wir stellen Erfolg und Geld über Freude und Liebe.

Wir laufen in Hamsterrädern und das Schlimmste: Wir haben Angst, auszubrechen, weil wir denken, wir würden etwas verlieren, was wir noch nicht einmal besitzen.

Aber Sie sind bereits ausgebrochen. Ist Ihnen das bewusst? Sie folgen Ihrer Berufung. Wenn auch noch nicht ganz, aber Sie sind auf dem Weg. Erkennen Sie das für sich an. Wie viele Menschen tun das nicht aus Angst, abgelehnt zu werden oder anderen nicht zu gefallen?

Stellen Sie sich mal vor, Sie würden sich zu 100% Ihrer Kunst widmen. Sie würden nur noch das tun, was Ihre Seele nährt. Wie würde sich das in Ihrem Leben auswirken?"

„Ich wäre gut gelaunt. Ich würde mehr Lebensfreude in mir tragen. Ich könnte ausschlafen. Ich hätte mehr Freiheit. Ich wäre relaxter. Ich könnte den Menschen, die mich jetzt nerven, viel entspannter begegnen. Ja, ich wäre wohl insgesamt ausgeglichener und würde die Welt mit anderen Augen sehen können. Es wäre für mich so ein bisschen wie Dauerurlaub auf Lebenszeit!"

„Und nun denken Sie noch weiter: Welchen Nutzen könnten andere Menschen haben, wenn Sie genau das leben würden, Martin?"

„Also ich denke, ich würde mit meinem Strahlen auch anderen Menschen zeigen, wie man strahlen kann. Dass es möglich ist, seiner Herzensstimme zu folgen und dafür so entlohnt zu werden, dass es zum Leben reicht. Und ich würde noch mehr Räume mit meiner Malerei verschönern können. Mein eigenes Herz würde tanzen und ich denke, andere Herzen würden einfach aus lauter Freude mittanzen", sprudelte es aus Martin heraus.

„Und nun frage ich Sie noch einmal: Was glauben Sie, welchen Wert Ihre Bilder haben? Erkennen Sie für sich an, dass Sie das Licht, welches in Ihnen brennt, mit jedem Bild nach außen tragen. In dem Moment, wo Sie sich Ihres eigenen Wertes bewusst sind, werden Ihnen auch Menschen begegnen, die genau diesen zu schätzen wissen. Unsicherheit und Zweifel spiegeln sich in Ihrer äußeren Welt genauso wider wie Liebe und Vertrauen. Aber ich denke, genau in diesem Moment hat sich schon in Ihnen etwas verändert. Weil Ihnen bewusst geworden ist, was vorher unbewusst ablief.

Haben Sie während des Erzählens gemerkt, welche Herzens-Lawine Sie lostreten würden? Glauben Sie im Ernst, dass es keine Käufer für Ihre Bilder mehr geben würde, wenn Sie Ihrer Tätigkeit so nachgehen, wie Sie es eben beschrieben haben? Glauben Sie an sich! Sie haben allen Grund dazu. Ihre Bilder sind großartig. Und Ihr Herz wird Sie weiterhin leiten. Vertrauen Sie dem Fluss des Lebens. Sie werden in Zukunft ein Leuchtturm für viele Schiffe sein, die verloren auf dem Ozean herum segeln und nicht wissen, wo sie hinmüssen, weil es finster ist."

„Bis gerade eben fühlte ich mich selbst noch wie ein Schiff, welches im Dunkeln sucht. Aber jetzt habe ich erkannt, dass es in mir viel heller ist, als ich zuvor dachte. Ich werde ab sofort leuchten. Und falls es mal wieder düster ist, komme ich einfach zu Ihnen", grinste Martin.

Der Seminarleiter lachte. „Sie brauchen nicht zu mir zu kommen. Malen Sie es sich einfach hell! Sie wissen ja jetzt, wie es geht.

Und wenn Sie mal zweifeln oder nicht wissen, wo es lang geht, halten Sie es wie Rilke, der mal sagte:

Habe Geduld gegen alles Ungelöste in Deinem Herzen und versuche, die Fragen selbst lieb zu haben, wie verschlossene Stuben und wie Bücher, die in einer fremden Sprache geschrieben sind. Forsche jetzt nicht nach den Antworten, die Dir nicht gegeben werden können, weil Du sie nicht leben kannst. Und es handelt sich darum, alles zu leben. Lebe jetzt die Fragen. Vielleicht lebst Du dann allmählich, eines fernen Tages, in die Antwort hinein.

Auch damit begeben Sie sich in den Fluss des Lebens. Weil Sie leben, was da ist. Und das müssen nicht immer Lösungen sein. Man kann auch die Fragen leben. Wichtig ist, dass Sie sich und Ihrem Leben weiterhin vertrauen."

Als der Seminarleiter sich verabschiedete, drehte er sich nochmal um und grinste: „Ach so und noch etwas: Immer dann, wenn ich für meine Arbeit mehr Geld bekam, als ich verlangte, dachte ich über eine Preiserhöhung nach!"

Wie Wunden heilen

Als Erna sich mit dem Messer in den Finger geschnitten hatte, blutete es fürchterlich. Der Schnitt war richtig tief und Erna hatte Angst, dass er nicht mehr heilen würde.

„Kind, er heilt, sei dir sicher, er heilt. Manche Wunden sind klein, die heilen schneller und manche Wunden sind etwas größer, die brauchen vielleicht etwas länger", beruhigte die Mutter sie.

Dann deutete Erna auf das Messer und fragte:

„Und was machen wir jetzt damit?"

„Das Messer legen wir wieder in die Schublade. Damit die Wunde wieder zugeht, erneuern wir täglich den Verband, sprühen Desinfektionsspray drauf und kümmern uns so gut es geht um die Heilung."

„Mit dem, was dir die Wunde zugefügt hat, kannst du sie nicht wieder schließen."

Angst vor dem, was kommt

„Alles darf sein!" hieß das Seminar, bei dem Pia sich angemeldet hatte. Sie wollte auf jeden Fall dorthin. Es war ihr erstes Seminar, in dem es um Persönlichkeitsentwicklung ging. Bis dahin war sie zwar regelmäßig bei einem Lerntherapeuten, aber allein. Ohne Gruppe. Weil es ihr schon immer schwerfiel, sich in einer Gruppe zu öffnen. Schon Tage davor hatte Pia Durchfall, malte sich die wildesten Horrorszenarien aus, was alles passieren könnte und schlief in den Nächten fast überhaupt nicht. So kam es ihr zumindest vor, wenn sie schweißgebadet wach wurde und sich von den schrecklichen Träumen erholen musste.

Am Abend vor dem Seminar packte Pia ihre Koffer und war nahe dran abzusagen. Aber sie wusste: Wenn sie das jetzt nicht macht, wird sich nichts verändern. Sie wusste, dass sie diese Hürde nun nehmen musste. Ihre Gedanken fuhren Achterbahn: Andere haben das doch auch schon gemacht. Und wer weiß, vielleicht geht es ja nicht nur mir so? Vielleicht haben andere auch Angst vor dem, was kommen könnte? Pia versuchte sich seit Tagen irgendwie zu beruhigen.

Und dann kam der Tag der Tage. Endlich saß Pia im Auto. Beruhigt hatte sie sich noch nicht wirklich. Und die inneren Stimmen waren immer noch hin- und hergerissen.

„Was ist, wenn die Gruppe mich ablehnt? Wenn mich irgendwer dort nicht leiden kann? Was ist, wenn ich mich bloß stelle?", fragte die Angst.

„Erinnere dich: Wie oft schon hast du dich prima eingefügt in eine Gruppe. Du wurdest in den Schulklassen immer geliebt. Sogar den Posten als Klassensprecher hattest du oft. Du schaffst das. Du hast einen wunderbaren Draht zu Menschen. Und das weißt du auch!", erwiderte das Vertrauen.

„Ja, das mag sein, aber dieses Mal ist es anders. Es ist keine Schulklasse. Es ist eine Gruppe Erwachsener, die sich weiterentwickeln will, und ich kenne noch niemanden", mischte sich die Unsicherheit ein.

„Ja, genau, und deshalb gehen wir nun auch gemeinsam da durch. Dort sind nur Menschen, die sich entwickeln wollen. Einschließlich Pia. Wir haben nichts zu verlieren. Wir können nur gewinnen", sagte der Mut optimistisch.

„Pia kann sich selbst vertrauen. Sie wird von ihrer Intuition geführt. Sie kann sich ganz auf sich verlassen. Ich bin bei ihr!", beruhigte die Liebe.

Und so ging das die ganze Zeit hin und her. Pia wusste gar nicht mehr, wohin mit ihren Gefühlen und Gedanken und war froh, als sie endlich in dem Hotel angekommen war, wo das Seminar stattfinden sollte.

Sie checkte ein, packte auf ihrem Zimmer den Koffer aus, nahm ihre Trinkflasche, ihren Notizblock und ging an die Rezeption, um zu fragen, wo das Seminar stattfindet. Kurz vor zehn betrat Pia den Raum des tagelangen inneren Schreckens. Die meisten Teilnehmer waren schon anwesend. Sie guckte in die Runde, kannte aber niemanden. Einige standen zusammen und sprachen miteinander und manche saßen auf den Stühlen, die im Kreis aufgestellt waren. Sie ließ sich auf einem freien Platz nieder. Neben ihr saß ein junger Mann, der ihr sofort die Hand reichte, um einen guten Morgen zu wünschen und sich mit den Namen Mike vorstellte. Das beruhigte sie erst einmal etwas.

Nachdem auch die Kursleiterin da war, setzten sich alle. Zunächst wurde Organisatorisches geklärt, dann eine kurze Meditation im Stehen gemacht, damit alle „ankommen" konnten. Danach begann eine kurze Vorstellungsrunde. Pias Herz klopfte jetzt schon. Aber sie dachte sich: Ich sag jetzt einfach die Wahrheit und dann ist es raus.

Jeder sollte sich mit Namen vorstellen, dann sagen, mit welchem Gefühl er nun hier säße und was er sich für die nächsten drei Tage von der Gruppe wünsche. Da brauchte Pia nicht lange überlegen.

„Mein Name ist Pia Altstätter und ich bin sehr aufgeregt, weil ich mich nicht gut vor einer Gruppe öffnen kann. Ich habe Angst, abgelehnt zu werden, außerdem kenne ich niemand hier und vor neuem habe ich immer Angst. Von der Gruppe wünsche ich mir, dass sie mich so annimmt, wie ich bin."

So, nun war es draußen. Pia saßen ein paar Tränchen in den Augen, die sie zum Glück noch zurück halten konnte. Sie wollte auf keinen Fall vor der Gruppe weinen!

Als die Vorstellungsrunde und die erste Übung vorbei waren, ging es in die Pause. Die ersten Personen kamen schon auf Pia zu und sagten ihr, dass sie das ganz schön mutig gefunden hätten, solche Worte vor der Gruppe zu äußern und dass sie sich gar nicht vorstellen könnten, dass sie sich nicht öffnen kann. Sie hätte es schließlich damit schon getan.

Das Wochenende war sehr intensiv und Pia erlebte, welche Kraft in einer Gruppe stecken kann. Es gab Übungen, die konnte man nur gemeinsam erleben und so wurde sie reich beschenkt an diesen Tagen. Sie erfuhr, dass viele Menschen die gleichen Themen hatten und sie konnte sich in manchen Übungen sogar komplett fallen lassen und der Gruppe vertrauen. Ein tolles Gefühl. Es war alles so wertschätzend, wie sie sich das zuvor niemals hätte vorstellen können. Hätte sie das vorher gewusst, hätte sie sich auch nicht so verrückt gemacht.

Ihr war im Laufe des Seminars auch bewusst geworden, dass sie den Wunsch, so angenommen zu werden wie sie ist, nur deshalb zu Beginn an die

Gruppe gerichtet hatte, weil sie es selbst nicht tat. Sie verurteilte sich viel mehr und machte sich klein, obwohl es keinen Grund dazu gab. Eine Erkenntnis hatte sie in diesen Tagen auf jeden Fall dazu gewonnen:

Es ist nicht die Aufgabe der anderen, mich zu lieben. Es ist meine!

Das wollte sie auf jeden Fall jetzt lernen. Achtsamkeit und Wertschätzung waren nun wichtig. Vor allem sich selbst gegenüber. Auch in den kleinen alltäglichen Situationen des Lebens. Ja, vor allem da!

Als sie am Sonntagnachmittag erfüllten Herzens nach Hause fuhr, fragte sie sich, wohin sich wohl ihre „sprechenden Beifahrer" verkrümelt hatten. Nur noch eine Stimme war da.

„Siehst du, liebe Pia, auch wenn du unsicher bist oder Ängste hast, du darfst auf das vertrauen, was in dir ist. Du hast alles, was du brauchst, um glücklich zu sein. Du bist so, wie du bist. Wundervoll!", hörte Pia frohlockend die Liebe in sich sprechen.

Prüfungen des Lebens

Heute hatte das Leben wieder einmal eine Prüfung für mich. Zuerst dachte ich, dass ich sie nicht packe, aber dann fiel mir das Wichtigste ein, was ich brauche, um sie zu bestehen. Als ich heimkam, hatte ich Post im Briefkasten:

Herzlichen Glückwunsch. Du hast deine Lebensprüfung heute bestanden. Du hast mal wieder gezeigt, dass du mir vertraust. Und damit kannst du jede Prüfung bestehen. Aber das weißt du ja inzwischen.

Himmlische Grüße
Gott

Ich habe jetzt geantwortet:

Lieber Gott,

Du bist echt ein Schlitzohr, wenn ich das mal so sagen darf. Dass du mich aber auch immer wieder auf die Probe stellst. Ich verstehe zwar nicht immer alles sofort, was du mir sagen willst, aber mittlerweile doch das Meiste in relativ kurzer Zeit. So flott wirst du mich nicht los. Abschütteln lass ich mich nicht mehr!

Himmlisch vertraute Grüße von der Erde ☺

Warum sind andere erfolgreicher?

Björn war selbständig und mühte sich die ganze Woche hindurch im Büro ab. Er ärgerte sich mit Kunden rum und manchmal wusste er nicht mehr, wo ihm der Kopf stand. Es war einfach nur anstrengend!

„Ich verstehe nicht, wieso Martin so viel Erfolg mit seinem Geschäft hat. Ich mache doch das Gleiche. Und irgendwie ärgere ich mich, wenn ich das dann mitbekomme", ließ er seinen Frust am Abend bei einer Freundin ab.
„Das heißt, du bist neidisch auf ihn?", wollte Kim wissen.
„Naja, auf ihn nicht. Auf seinen Erfolg schon irgendwie. Wer hätte denn nicht gerne viel Geld?!"
„Das kann ich verstehen, das ging mir lange Zeit nicht anders. Und weißt du, was ich verändert habe? Ich habe meinen Fokus nicht mehr auf das gelegt, WAS andere machen, sondern WIE sie es machen.

Seitdem frage ich mich nicht mehr:
Warum sind andere erfolgreicher?

Sondern ich frage mich:
Bin ich glücklich bei dem, was ich tue?

Glück hat in meinen Augen wenig mit Geld zu tun. Viel wichtiger ist, ob du es mit Liebe tust. Denn wenn du etwas mit Liebe tust und Freude empfindest, IST es für dich schon erfolgREICH. Egal, was die anderen sagen. Denn den inneren Reichtum, der dadurch entsteht, kann dir niemand mehr nehmen. Verstehst du, was ich meine?"

„Ja schon irgendwie. Ist aber gar nicht so leicht, wenn man immer an allem Möglichen gemessen wird. Ist ja heute in der Gesellschaft fast überall so", seufzte Björn

„Ja, das mag sein. Aber ich weiß inzwischen von genug Menschen, die den Weg ihres Herzens gehen. Ach ja ... diese Menschen gehören übrigens auch zur Gesellschaft", schmunzelte Kim.

Die Marmeladen-Geschichte

>> 1976 - Ein Abend wie jeder andere

Sabine war 5 Jahre alt. Sie saß mit ihren Eltern am Tisch, es gab Abendbrot.

„Mama, darf ich heute ein Marmeladenbrot essen?", fragte Sabine mit erwartungsvollen Augen.

„Nein, abends gibt es nichts Süßes, das weißt du doch!"

Ja, Süßes war vor dem Schlafengehen tabu. Keiner wusste wieso, es war halt schon immer so. Da war Sabines Mutter auch ganz streng. Und so aß Sabine, wie jeden Abend, Wurst und Käse auf ihrem Brot.

>> 2013 - Ein Abend wie jeder andere

Sabine war 42 Jahre alt. Sie saß mit ihren Kindern am Tisch, es gab Abendbrot.

„Mama, darf ich heute ein Marmeladenbrot essen?", fragte Nina, die jüngste Tochter, mit erwartungsvollen Augen.

„Nein, mein Kind, abends gibt es nichts Süßes, das weißt du doch!"

Ja, Süßes war vor dem Schlafengehen tabu. Keiner wusste wieso, es war halt schon immer so. Da war Sabine auch ganz streng. Aber Nina gab sich nicht zufrieden.

„Wer sagt eigentlich, dass es abends nichts Süßes geben darf? Bei meiner Freundin Beate ist das anders.

Da dürfen wir Kakao trinken und sogar Nutella aufs Brot schmieren."

Die Mutter war irritiert. Um ihre Tochter fürs Erste zufriedenzustellen, sagte sie schnippisch: „ICH sage das und darüber wird auch nun nicht diskutiert!"

Aber die Frage arbeitete in Sabine. Ja, wer sagte denn eigentlich, dass abends nichts Süßes gegessen werden darf? Sie ging mit dieser Frage ins Bett und wachte morgens damit auf. Ihre Gedanken kreisten nur noch darum. Ihr fiel noch viel mehr ein, was sie tat, weil es immer so getan wurde. Ohne zu hinterfragen. Ihr Leben war völlig durchgeplant. Es gab keine großartigen Veränderungen. Ihre Termine standen Woche für Woche fest.

Ihre Tochter hatte zwar nur diese eine Frage gestellt, aber die gab Sabine heftig zu denken. Sabine wurde plötzlich bewusst, dass ihr Leben absolut durchorganisiert war. Teils selbst gewollt, aber teilweise auch starr und unflexibel von anderen Stimmen derart geprägt, dass es sie innerlich förmlich zerriss. Aber das Meiste davon lief völlig unbewusst ab. Jetzt bekam sie gerade eine Ahnung davon, warum sie eine chronische Unzufriedenheit spürte, die sie jedoch nie in Worte fassen konnte. Sie fühlte sich oft leer und ausgelaugt ohne für sie ersichtliche Gründe.

Sie folgte Stimmen, die gar nicht ihre eigenen waren. Und das Abendessen war nur ein kleines Beispiel von vielen. Wie gerne hätte sie selbst auch mal abends etwas Süßes auf dem Brot gegessen, aber irgendwas war da, was es ihr verbot. Und genau dieses „irgendwas", das wollte sie nun herausfinden. Sie erinnerte sich an ihre Kindheit. Ihre Mutter hatte immer zu ihr gesagt: „Vor dem Schlafengehen gibt es nichts Süßes!", und genau das war es, was Sabine ständig hörte. Innerlich. Unbewusst. Und selbst ihre Mutter hatte es wahrscheinlich von ihrer Mutter so übernommen.

So, wie viele Verhaltensmuster wurde auch dieses ungefragt integriert und weiter gereicht. Aber nun war es im Bewusstsein. Sabine war klar, dass auch ihre Tochter das Verhaltensmuster noch weiterlebt, wenn sie es jetzt nicht unterbricht. Und so traf sie für sich eine Entscheidung.

Eine Woche später ... alle saßen am Abendtisch. Sabine hatte das noch geschlossene Marmeladenglas provokant mitten auf den Tisch gestellt. Es bemerkte niemand, bis Sabine es in die Hand nahm. Sie öffnete es, strich sich fett Marmelade aufs Brot und alle guckten sie entgeistert an.

„MAMA!!!", sagte Nina ganz entsetzt.

Aber Sabine guckte nur grinsend in die Runde.

„Was glaubt ihr, wieso ich das jetzt mache?", fragte sie.

„Weil du Lust auf ein Marmeladenbrot hast?", grinste Nina mit.

„Ja genau", antwortete die Mutter und dachte: Kinder sind ein Geschenk des Himmels und der beste Spiegel überhaupt. Danke!

Es ist wie es ist

Zum Thema „Ich liebe meinen Körper!" wurde eine Talkshow im Fernsehen ausgestrahlt. Es waren die unterschiedlichsten Personen eingeladen.

Beate, 52 Jahre alt, Hausfrau und Mutter von zwei Kindern, war auch da. Sie hatte vor fünf Jahren knapp 40 kg abgenommen und bis heute gehalten. Ihr wurde die Frage gestellt, wie es dazu gekommen wäre, dass sie das geschafft hätte, was viele nicht schaffen: Auf Dauer Gewicht reduzieren und vor allem zu halten.

„Bei mir war es keine plötzliche Sache", antwortete sie. „Ich war mein Leben lang schon dick. Und wie Sie sehen, bin ich ja auch heute noch nicht schlank. Aber es ist okay so. Bereits als Kind hatte ich immer einen gewissen Speck auf den Rippen und nach der Pubertät wurde es dann immer schlimmer. Auch ich hatte ständig mit dem Jo-Jo-Effekt zu kämpfen. Ich nahm ab und wieder zu. Rauf und runter ging es mit meinem Gewicht. Und wie viele das kennen: Ich nahm immer etwas mehr zu, als ich zuvor abgenommen hatte, so dass ich irgendwann bei einem Gewicht von 142 kg angekommen war. Das war auch mein persönliches Höchstgewicht. Ich konnte mich selbst nicht mehr leiden. Ich war unzufrieden auf allen Ebenen und gab mir für alles die Schuld, was in meinem Leben nicht gut gelaufen ist. Ich verurteilte mich, wo ich mich nur verurteilen konnte und ging mit mir selbst ganz hart ins Gericht. Und irgendwann kam dieser besagte Tag. Der Tag X, wie man ihn so schön nennt, an dem ich eine Entscheidung traf. Ich wollte mein Leben grundlegend verändern. Aber ich war unsicher, ob ich diese lange Reise allein schaffen würde. Also suchte ich mir Hilfe. Ich ging zu einem Therapeuten, der einfach großartig war. Er gab mir zu verstehen, dass das Essen letztendlich nicht das Problem ist, sondern nur das Ergebnis meiner hungrigen Seele. Ersatzbefriedigung! Und so arbeiteten wir gemeinsam. Nein, nicht am Gewicht, wie viele vielleicht denken. Sondern daran, es so zu akzeptieren wie es ist. Das bedeutete: Verantwortung übernehmen! Nämlich für die Ist-Situation. Der Realität ins Auge sehen. Ich hatte mir selbst mein Leid erschaffen. Da war kein anderer für verantwortlich. Nicht mehr. Natürlich lebte ich noch Muster, die schon in der Kindheit entstanden sind. Aber ich war jetzt erwachsen! Das hieß nicht, dass ich mich verurteilte für das, was ich mir selbst angetan hatte, sondern das Gegenteil: Genau dafür musste ich mir verzeihen. Ich hatte doch schon lange genug auf mich drauf gehauen. SELBSTLIEBE war das Schlüsselwort. Und ich weiß heute: Hass und Liebe liegen eng beieinander. Ich musste den Hass mir selbst gegenüber kennenlernen, um die Liebe spüren zu können.

Und dann war es irgendwann soweit, dass ich genau das konnte. Ich akzeptierte meine Situation, in der ich mich befand. Was nicht hieß, dass ich sie für gut befunden habe. Nein. Ich akzeptierte, dass es so war wie es war. Nicht mehr und nicht weniger. Mit meinen Macken, mit meinen Schwächen und ich wusste: Auch das ist okay.

Mein Gewicht – ich glaube, es ist nicht gegangen, sondern es hat sich verlagert. Ja, genau. Ich habe 40 Kilo von außen nach innen verlagert! Was ich damit meine? Nun, meinem Kern, meinem Inneren schenkte ich nie viel Beachtung. Ich identifizierte mich viel mehr über mein Dicksein. Und genau das hat sich verändert, indem ich JA zu mir sagte. JA zu dem, was ich bin. Was mich ausmacht. Wofür ich mich liebenswert finde. Die Hülle wurde immer unwichtiger. Ich sah immer mehr mit den Augen der Liebe. Und ich sah etwas anderes als vorher. Nicht nur bei mir, auch bei anderen Menschen.

Im Schwimmbad war es für mich am deutlichsten spürbar. Ich nahm die Menschen anders wahr und ich selbst schämte mich auch nicht mehr so sehr für meinen Körper. Als wenn es mir plötzlich gleichgültig wurde, wie jemand aussah. In der Dusche traute ich mich sogar irgendwann, meinen Badeanzug auszuziehen, obwohl ich noch genug Gewicht auf den Rippen hatte.

Ach, ich weiß auch nicht. Ich kann es schwer beschreiben, so dass es für jemand nachvollziehbar ist, der das nicht durchlebt hat. Aber vielleicht versteht ja trotzdem jemand, was ich damit sagen will.

Die Fragestellung in mir hat sich auch geändert.

Auf dem Weg zur Selbstliebe wurde aus einem „Wie kann ich mich ändern?" ein „Was tut mir gut?"

Und so lebte ich bewusster. Und mit jedem Tag, an dem ich bewusster lebte, änderte sich die Ernährung. Ich wollte mir Gutes tun. Das war wie eine Begleiterscheinung, die automatisch eintraf. Sicherlich war die Umsetzung dessen nicht immer so leicht, aber irgendwie hatte ich das Gefühl, je mehr ich aus dem Herzen lebte, desto weniger Angriffsfläche hatte der innere Schweinehund und löste sich mehr und mehr auf.

Ach so ... ich habe noch etwas getan. Ich habe mir täglich drei mal fünf Minuten Zeit genommen und zwar immer vor den Mahlzeiten. Ich habe mich ins Schlafzimmer ans offene Fenster gestellt, denn dort hatte ich Ruhe, und habe mich gefragt „Welches Essen tut dir jetzt gut?" Zu Beginn kamen da ganz tolle Stimmen, die schrien ‚Süßes' oder ‚Chips' und lauter solche Sachen. Das war vielleicht ein Chaos, kann ich Ihnen sagen. In dieser Zeit nahm ich auch ganze zehn Kilo zu. Das war hart. Ich war zeitweise überzeugt davon, dass das der falsche Weg ist. Gar nicht so einfach. Aber ich fragte mich durch. Welche Stimmen sind das denn nun? Wer spricht da eigentlich? Welche ist meine Herzensstimme? Und je länger ich mir diese

Zeit vor jeder Mahlzeit nahm, desto besser konnte ich meine eigene Stimme wahrnehmen. Die sagte auch nicht immer „Gemüse" oder „Salat". Nein, manchmal sagte sie auch „Gönn dir einen Cappuccino mit einem Stück Schokolade zum Nachtisch". Und genau das tat ich. Weil ich wusste: Es ist okay so. Ja, ich kann sagen, dass ich langsam aber sicher mein Vertrauen zurückgewonnen habe. Ich konnte mir selbst endlich wieder vertrauen und wusste, was mir gut tut.

Heute weiß ich, dass es unwichtig ist, was oder wer ich bin. Heute lebe ich einfach aus dem Herzen und zeige mich mit allem, was ich habe. Meine Hülle ist unwichtig geworden. Und in dem Moment, als ich das nicht nur kapierte, sondern verinnerlichte, funktionierte es. Obwohl ich gar nicht mehr so stramm an diesem Ziel, Gewicht zu reduzieren, festhielt. Ich hatte mich geöffnet. Fürs Glücklichsein.

In meinem gesamten Leben änderte sich einiges. Auch beruflich traf ich neue Entscheidungen. Denn die Frage „Was tut mir gut?" spiegelte sich in allen Lebensbereichen wieder. Auch im Beruf. Ich widmete mich meinen Fähigkeiten, meinen Talenten und Stärken. Dieses Mal ohne jeden Kompromiss. Mit Volldampf ins Vertrauen quasi.

Der Weg zu mir selbst war sicherlich nicht einfach und keiner, der innerhalb ein paar Tage zu gehen ist, aber eins weiß ich für mich inzwischen ganz genau: Wer nur an seinem Körper und an den Symptomen arbeitet, wird merken, dass die Seele immer wieder schreit und sich mit körperlichen Symptomen in Form von Krankheiten bemerkbar macht.

Der Schlüssel zu einem befreiten Leben ist also: Hinhören und einen Blick in die Seele wagen, um die Symptome des Körpers verstehen zu können. Erst wenn die Seele sich verstanden fühlt, wird der Körper nicht mehr mit Protest reagieren müssen.

Das heutige Gewicht habe ich dem JA zu mir selbst zu verdanken. Die bedingungslose Selbstliebe und das Vertrauen in mich war der Schlüssel zu dem, was ich heute lebe. Ich liebe mich so, wie ich bin. Mit allem, auch den Kilogramms, die jetzt noch da sind. Es ist für mich nicht mehr wichtig, schlank zu sein. Viel wichtiger ist, dass ich glücklich bin."

Mit diesen Worten ging die Talkshow zu Ende. Der Moderator fand vor Rührung kaum Worte, bedankte sich aber bei seinen Gästen und verabschiedete sein Publikum. Dort sah man einige traurige und nachdenkliche aber auch zuversichtliche und glückliche Gesichter bei den Menschen, die das Studio verließen. Da hatte Beate wohl einige wachgerüttelt.

Der Weg zum Glück

„Ich werde meinen Weg zum Glück schon noch finden", versicherte Marlies ihrer Mitbewohnerin Anna.

„Dein Weg zum Glück? Gibt es den denn? Das Glück ist jetzt. Hier. Es ist in dir. In jeder Minute. Was willst du da einen Weg finden? Es ist da."

„Aber ich bin nicht glücklich. Ich kann es nicht fühlen. Ich habe dafür noch zu viel vor mir, was nicht gelöst ist. Probleme, die ich anpacken muss."

„Lass es einfach zu. Es ist wirklich einfach", sagte Anna selbstsicher.

„Aber wie?", Marlies wurde allmählich wütend.

„Komm her zu mir", forderte Anna sie auf und streckte die Arme aus. Marlies ging zu ihr. Sie setzten sich gemeinsam aufs Sofa.

„Schließ deine Augen", forderte sie Marlies auf, „und nun gib dir die Erlaubnis glücklich zu sein."

„Soll ich das sagen?"

„Wenn du magst, kannst du es auch laut sagen", bestärkte Anna sie.

„Ich gebe mir die Erlaubnis, glücklich zu sein", tönte aus Marlies Mund.

„Sag es ruhig öfter."

„Ich gebe mir die Erlaubnis, glücklich zu sein", sagte Marlies immer wieder vor sich hin.

Ihre Mimik hellte sich schon ein wenig auf. Bald lag ein Lächeln auf ihrem Gesicht.

„Und - wie fühlt es sich an?"

„Hmmm, es ist schön, aber so richtig glücklich bin ich noch nicht."

„Was erwartest du denn vom wahren Glück?", fragte Anna interessiert.

„Dieses Gefühl ist phänomenal, kaum auszuhalten, wie ein Urknall oder ein Feuerwerk und die Welt ist toll."

Anna schmunzelte.

„Du wartest auf einen Urknall? Genau das ist das Thema. Du erwartest etwas Pompöses. Aber soll ich dir was sagen? Es ist normal. Ja, gar nicht so weltbewegend. Einfach glücklich eben. Ohne Urknall und Feuerwerk und so."

„Vielleicht nehme ich dann mein Glück nur nicht wahr?"

Marlies öffnete in diesem Moment die Augen und war sich sicher, dass sie gerade eine leise Ahnung vom wahren Glück bekommen hatte. Dass sie es sich aber auch immer so schwer machen wollte. Sie dachte immer, sie müsse etwas dafür tun, um glücklich zu werden. Dabei brauchte sie bloß SEIN. Ganz einfach so. Es ist ja eh alles da!

Eine berührende Nikolausgeschichte

„Wolltest du nicht noch etwas fragen?", schaute die Mutter ihren fünfjährigen Jungen an, nachdem der Nikolaus die Geschenke verteilt hatte.

„Nikolaus, wie kommst du eigentlich in den Hümmel?", fragte Henri.

„Ich fahre mit meinem Schlitten!"

„Aber Mama sagt, zum Schlittenfahren braucht man Schnee!"

„Ja, das stimmt auch lieber Henri. Mein Schlitten kann aber auch durch die Luft fahren. Er hat Flügel."

„Ach so. Und wo fährst du dann hin?"

„Na, in mein Haus, wo die Geschenke liegen."

„Gibt es in Hümmel also auch Häuser?", wollte Henri wissen.

„Ja, die gibt es."

„Wohnt Omi vielleicht bei dir in der Straße? Die ist nämlich seit letztem Jahr auch da oben."

„Ja, Henri, ich glaube, ich habe sie schon mal gesehen."

Der kleine Junge stand auf, ging an den Schrank mit seinen Spielsachen und holte eine kleine Schachtel raus. Er streckte sie dem Nikolaus entgegen.

„Kannst du die zu Omi mitnehmen?"

„Aber ja, lieber Henri. Was ist denn darin?"

„Da ist ein Engel drin. Omi hat mir gesagt, er würde mich beschützen. Aber ich habe ja Mama und Papa, die mich beschützen. Das wusste Omi bestimmt nicht. Und vielleicht gibt es ja in Hümmel jetzt Kinder, die da oben ohne Eltern sind. Diese Kinder können das Engelchen dann bestimmt besser gebrauchen."

Der Nikolaus war sichtlich gerührt. Eine Träne kullerte ihm in seinen Bart.

„Danke Henri, ich werde deiner Omi das Engelchen mitnehmen und ihr deine Worte ausrichten."

Mein Chef lobt mich nie

„Die Kunden unserer Firma schätzen mich, ja. Aber mein Chef schätzt nicht, was ich tue und behandelt mich, auf gut deutsch gesagt, wie den letzten Dreck. Ich bekomme keine Überstunden vergütet. Die hätte er nicht angeordnet. Das sei mein Privatvergnügen. Und andere Kollegen haben mehr Privilegien, obwohl sie viel kürzer im Unternehmen sind als ich. Sie können sich anscheinend nur besser vermarkten. Und das stößt mir gerade übel auf, weil ich seit zwei Wochen den Laden fast ganz allein schmeiße und der Rest krankfeiert. Allein in den letzten zwei Wochen habe ich 190 Stunden gearbeitet", polterte Susanne los, als ihre Nachbarin Ute sie fragte, wie es so auf der Arbeit läuft.

Ute hat eine eigene Praxis als Heilpraktikerin. Deshalb liebte Susanne die Gespräche mit ihr. Sie konnte immer so einfühlsam auf die Menschen eingehen. Und Susanne war um jedes Wort von Ute froh, wenn es ihr mal nicht so gut ging. Wie auch an diesem Tag!

„Anstatt einem ‚Danke' von meinem Chef bekomme ich gerade nur Sachen genannt, die ich in der Zeit nicht geschafft habe. Und auf denen reitet er ausgiebig herum und verleiht mir ein schlechtes Gefühl. Aber ich bin ja selbst schuld. Keiner hat zu mir gesagt, ich müsse Überstunden machen. Ich mach es ja sogar freiwillig!", regte Susanne sich weiter auf.

„Dein Chef ist super!", sagte Ute süffisant grinsend.

Mit der Reaktion hatte Susanne jetzt nicht gerechnet.

„Was soll das jetzt heißen?", fragte sie wütend und irritiert zugleich. Unglaublich! Jetzt fiel Ute ihr auch noch in den Rücken!

„Dein Chef spiegelt dir nur etwas Ungelöstes in dir. Schimpfe nicht über ihn, sondern sei ihm dankbar."

„Das verstehe ich nicht. Wie meinst du das?", wollte Susanne wissen.

„Erst einmal ist es wichtig, dass du würdigst, was du tust, auch wenn du dich gerade am liebsten dafür ohrfeigen würdest. Deshalb eine Frage: Was ist denn das Gute daran, dass du dich so auspowerst?"

„Das Gefühl, gebraucht zu werden, würde ich jetzt spontan sagen. Das Gefühl, etwas wert zu sein und etwas leisten zu können."

„Okay, dann kennst du jetzt die positive Absicht, die dahinter steht. Damit kannst du es auf alle Fälle in Liebe annehmen. Das ist nämlich wichtig. Ein Muster, was dich schon länger begleitet, will gewürdigt werden, auch wenn du es eigentlich loswerden willst.

Alles, was du in Liebe annimmst, entmachtest du. Allem, was du wegstoßen willst, gibst du mehr Macht, als dir lieb ist. Und dann wird es dich beherrschen."

„Weißt du, Ute, ich habe ein paar unschöne Erlebnisse in der Vergangenheit gehabt. Mein Ex-Mann hat mich wegen eines Teenagers verlassen, mit dem er schon über zwei Jahre ein Verhältnis hatte. Die junge Frau erwartete ein Kind von ihm. Das war ein Schlag ins Gesicht. Kurz zuvor hatte ich meine zweite Fehlgeburt. Dieses junge Ding hatte dann alles, was ich haben wollte. Einen Mann, der sie liebt, ein gemeinsames Kind, alles eben! Naja und dann habe ich mich in die Arbeit gestürzt und mich um meine Karriere gekümmert. Ich habe meine Gefühle ausgeschaltet und nur noch funktioniert. Aber ich bin jetzt an einem Punkt, wo ich merke: Das geht nicht mehr. Mein Speicher ist voll. Ich kann nicht mehr!"

„Woher kennst du dieses Gefühl, was du gerade beschreibst? Wie war dein Verhältnis zu deinem Vater?", fragte Ute, weil sie schon so eine Vorahnung hatte, was das Thema hinter dem Thema ist.

„Mein Vater hat mich im Gegensatz zu meinem Bruder kaum beachtet. Während ich alle Pokale bei Reitturnieren gewann, war er nicht einmal anwesend, und gelobt hat er mich deshalb auch nie. Mein Bruder hingegen, er spielte Fußball, bekam sogar Anerkennung, wenn er Spiele verlor. Er hatte alles, was ich mir immer wünschte. Mein Vater kannte noch nicht einmal mein Pferd. Naja und dann … es ist noch gar nicht so lange her, bekam mein Vater plötzlich einen Herzinfarkt. Du darfst nun raten, wer sich um ihn kümmerte? Genau: Ich! Obwohl mein Bruder viel mehr Anerkennung von ihm bekam, erklärte ich mich bereit, ihn zu pflegen", kam es ganz traurig aus Susanne heraus.

„Hast du ihn aus Liebe gepflegt oder weil du wolltest, dass er dich beachtet und sieht, wer du wirklich bist?"

Susanne senkte den Kopf. Ihr liefen die Tränen die Wangen runter. Sie schluchzte. Ute saß neben ihr und wusste, dass es nun wichtig war, diese Tränen rauszulassen. Susanne brauchte nicht antworten, ihr gesenkter Kopf und die Tränen waren Antwort genug.

„Aber es hat nicht funktioniert. Er beachtete mich wieder nicht so, wie ich es mir wünschte", sagte sie schließlich.

„Ich weiß, liebe Susanne." Ute nahm sie in den Arm. „Deine verletzte Kinderseele, sie hat sich nie mit deinem Vater von früher ausgesöhnt. Sie sucht sowohl Anerkennung als auch Liebe und findet dann im Außen Männer wie deinen Ex-Mann oder deinen Chef, die dir diese Sehnsucht nur spiegeln, indem sie dich genauso behandeln. Sie können nichts dafür. Deshalb sei ihnen dankbar."

„Aber wo finde ich denn diese Anerkennung, wenn nicht da, wo ich sie suche?"

„Liebe Susanne, alles was du suchst, hast du bereits in dir. Du bist selbst für dein verletztes inneres Kind verantwortlich. Niemand anderer kann es beruhigen, lieben oder anerkennen. Das ist deine Aufgabe. Deine Aufgabe als Erwachsene."

Susanne kamen wieder die Tränen. Ihr fiel es plötzlich wie Schuppen von den Augen. Sie verstand auf einmal so vieles und gleichzeitig schmerzte es. Sie fühlte die Trauer, die sie Jahre lang verdrängt hatte. Ihr wurde bewusst, dass das Gefühl bei ihrem Chef und auch ihrem Ex-Mann dasselbe Gefühl war wie damals bei ihrem Vater. Sie fühlte sich nicht anerkannt, nicht wertgeschätzt. Ihr war klar:

Wenn ich mich mit dem Vater meiner Kindheit nicht aussöhne, werde ich immer wieder Männer in meinem Leben anziehen, die mir genau das spiegeln. .

„Wie kann ich denn meinem inneren verletzten Kind geben, was es braucht?", wollte Susanne wissen.

„Da gibt es viele Möglichkeiten. Das Wichtigste dabei ist, dass du fühlst! Du kannst geführte Meditationen machen, da gibt es sehr viele. Du kannst auch gedanklich die Kleine in den Arm nehmen. Du kannst aber auch etwas sehr Einfaches machen. Nimm ein Kinderfoto von dir und sprich mit der kleinen Susanne, die sich damals verletzt und nicht anerkannt gefühlt hat. Sage ihr, dass du nun für sie da bist. Dass du dich als Erwachsene um sie kümmerst. So hast du sie immer vor Augen, vergisst sie nicht und kannst jederzeit mit ihr in Kontakt treten.

Bei mir steht übrigens auch ein Kinderfoto im Badezimmer. Wenn die Kleine in mir mal besonders viel Aufmerksamkeit braucht, kann es auch passieren, dass ich Herzensmusik anmache und den Rahmen auf meine Brust lege und liebevoll oder auch weinend mit ihr durchs Wohnzimmer tanze. In solchen Momenten bin ich froh, wenn mich niemand sieht", lachte Ute.

„Und morgens begrüße ich die Kleine und sage ihr etwas Liebevolles. Manchmal, wenn es mir besonders gut geht, erzähle ich der Kleinen auch, was aus ihr geworden ist: Eine tolle Frau!"

„Ja, Ute, das bist du wirklich", lachte Susanne mit.

Die Erlaubnis

„Ich bin überhaupt nicht selbstbewusst."

„Wenn du es dir ständig sagst, wird es nicht besser. Vergiss nicht: Du hörst auch selbst deine Worte, die aus deinem Mund kommen und so manifestieren sie sich."

„Ja, aber wenn ich doch nicht selbstbewusst bin, kann ich ja nicht das Gegenteil behaupten, das würde sich völlig falsch anfühlen."

„Es gibt eine Zwischenstufe, mit der du alles schaffen kannst. Egal was. Immer, wenn du das Gefühl hast, dass du etwas nicht fühlen kannst, gib dir erst einmal die Erlaubnis dazu. Sage nicht „Ich bin selbstbewusst", wenn dein Verstand es sofort ablehnt und du es somit nicht fühlen kannst. Wie wäre es denn stattdessen mit einem „Ich erlaube mir, selbstbewusst zu sein?""

„Wunderbar, eine tolle Lösung. Danke für diese Gedankenanregung!"

„Wir verschließen uns oft vor der Freude, weil wir uns im Leid besser auskennen. Und mit der gegebenen Erlaubnis geschieht noch etwas: Wir hebeln auch die äußeren Stimmen aus, die wir vielleicht vor sehr langer Zeit zu inneren gemacht haben."

Liebst du, was du tust?

Jakob kam wie jeden Abend total erschöpft von der Arbeit nach Hause. Seine zwei Kinder kamen ihm schon entgegen gesprungen und wollten mit ihm spielen, aber er war mit seinen Kräften am Ende. Er bat seine Frau, ihm die Kinder an diesem Abend abzunehmen, ansonsten würde er womöglich noch zusammenbrechen.

Ständig dieser Erfolgsdruck, dem er ausgesetzt war. Das machte ihn noch seelisch kaputt. Den machte er sich natürlich zum größten Teil selbst, aber er hatte eine Familie zu ernähren und die Schulden vom Haus mussten abbezahlt werden. Deshalb hatte er gar keine andere Wahl. Es musste Geld ins Haus, egal wie. Er musste diesen Job im Außendienst machen. Und sein Ansehen als Verkaufsleiter wollte er auch nicht verlieren. Er war quasi das Parade-Beispiel für Erfolg. Das war im ganzen Betrieb so und er wurde gerne zu Mitarbeiter-Gesprächen und Meetings eingeladen, um sein Fachwissen zu vermitteln und anderen zu zeigen, wie man erfolgreich verkauft.

Nachdem seine Frau die Kinder zu Bett gebracht hatte, saßen die beiden auf dem Sofa. Jakob spürte plötzlich ein Stechen in seiner Brust. Er fasste sich mit seiner Hand an den Brustkorb. Ihm war sofort klar: Das war kein gutes Zeichen.

Ohne großartig nachzudenken sagte er aus heiterem Himmel zu seiner Frau: „Martha, ruf bitte einen Krankenwagen. Ich habe Herzstechen."

Er atmete tief ein und wieder aus, um sich selbst zu beruhigen. Martha zögerte keine Sekunde, so verunsichert kannte sie ihren Jakob nicht. Sie wählte die Nummer vom Krankenwagen und bat um Hilfe. Es dauerte auch nicht lange und man hörte das Martinshorn aus der Ferne. Martha lief sofort an die Tür, um den Sanitätern zu öffnen.

Genau in diesem Moment stieß Jakob einen tiefen Seufzer aus, fasste sich erneut ans Herz und klappte in sich zusammen. Die Sanitäter waren sofort mit der Trage zur Stelle und leisteten erste Hilfe. Martha spürte, dass Jakob dem Tod gerade von der Schippe gesprungen war. Die Sanitäter trugen Jakob in den Krankenwagen, um mit ihm ins Krankenhaus zu fahren. Sie durften keine Zeit mehr verlieren. Es ging alles so schnell, dass Martha nicht wusste, wo ihr der Kopf stand.

Die Nachbarn standen am Zaun nebenan, weil sie den Krankenwagen gehört hatten. Martha schaute sie hilfesuchend an und fragte fast panisch: „Könnt ihr zu uns kommen und auf die Kinder aufpassen, falls sie wach werden sollten?"

„Aber sicher doch, wir bleiben hier, so lange es notwendig ist. Verlass dich auf uns. Fahr du beruhigt mit ins Krankenhaus und gib auf dich Acht."

Martha war zwar alles andere als ruhig, aber sie wusste, dass auf ihre Nachbarn Verlass war.

Auf der Fahrt ins Krankenhaus wurde Jakob, so gut es ging, erstversorgt. Aber Martha sah an den Gesichtern der Sanitäter, dass es ernst war. Und dann kam es plötzlich. Dieses schrille, langanhaltende Piepsen.

Herzstillstand.

Martha saß wie versteinert da. Die Sanitäter versuchten, Jakob zu reanimieren. Sein Körper lag leblos da und zuckte bei jedem Versuch. Martha wurde kreidebleich.

In diesen Minuten des Herzstillstands konnte Jakob ein weißes Licht sehen. Er wurde willkommen geheißen in einer Welt, die ihm alles andere als fremd erschien. Wärme breitete sich in seinem Körper aus. Er fühlte sich wie „heimgekommen".

Doch dann.

Sein Herz fing wieder an zu schlagen.

Die Sanitäter hatten es geschafft. Martha wusste nicht, wohin mit ihren Gefühlen, die, wie eine Achterbahn, zwischen Trauer, Hoffen und Bangen rauf und runter sausten.

Im selben Moment kamen sie im Krankenhaus an. Jakob wurde in die Notaufnahme gerollt und Martha setzte sich auf einen der Wartestühle im Gang. In diesem Moment löste sich ihre innere Starre und es flossen die Tränen an ihren Wangen herunter.

Die Dame, die neben ihr saß, reichte ihr mitfühlend ein Taschentuch.

Martha betete zum lieben Gott. Etwas anderes konnte sie in diesem Moment eh nicht tun. Es dauerte ungefähr zwei Stunden, bis der Kardiologe endlich den Gang betrat und Martha zu sich bat. Sie zitterte am ganzen Körper. Der Arzt beruhigte sie und erklärte ihr, dass Jakob einen schweren Herzinfarkt gehabt hätte und sich nun erholen müsse. Damit dies wirklich gewährleistet sei, hätten sie sich für ein künstliches Koma entschieden. Sie bräuchte sich allerdings keine Sorgen machen: Er wäre übern Berg, aber er bräuchte nun wirklich Ruhe. Deshalb solle Martha erst mal nach Hause fahren und sich ausschlafen.

Nach diesem Gespräch konnte Martha endlich erleichtert durchatmen und rief sich ein Taxi.

Sie besuchte Jakob jeden Tag im Krankenhaus, erzählte ihm von den Kindern und was sonst in ihrem Leben passierte, denn sie vertraute darauf, dass er es spüren würde, wenn sie da war. Und dass es ihm gut tue, wenn sie mit all ihrer Liebe präsent sei.

Jakob spürte es tatsächlich. Für ihn war das künstliche Koma als wäre er einerseits wach und doch am Schlafen. Eine seltsame Mischung. Er bekam alles mit, hatte aber die Augen geschlossen.

Und dann kam dieser Morgen, an dem er wieder spürte, dass jemand da war. Aber irgendwie anders als sonst. Vor seinen Augen wurde es ganz hell.

Eine Stimme fragte: „Jakob, bist du bereit, dir anzuschauen, wieso du hier bist?"

Jakob war irritiert. Er fragte sich, was das denn jetzt wohl war.

„Du kannst mir vertrauen, ich bin hier, um dir zu helfen. Ich bin dein Schutzengel."

Wie konnte das sein? Er hatte doch gar nichts gesagt. Scheinbar konnte er im Geiste kommunizieren?! Seltsam!

„Ja, ich kann dich hören!"

„Bisher habe ich nicht wirklich an Engel geglaubt, aber irgendwie scheint mir, als soll es nun so sein."

„Jakob, es hat einen Grund, wieso du hier bist. Du hattest einen Herzinfarkt. Dein Herz leidet."

„Aber ich liebe meine Frau. Und ich liebe meine Kinder."

„Es ist nicht die Familie. Dein Beruf, Jakob. Was ist mit deinem Job?"

„Den mache ich gut. Ich bin erfolgreich, ich bin gut gelitten und mein Chef ist stolz auf meine Leistung."

„Liebst du, was du tust?"

„Ich muss halt Geld verdienen. Du weißt ja sicherlich auch, dass ich ein Haus habe, die Schulden müssen getilgt werden. Dann meine Familie. Ich bin Vater von zwei Kindern. Da muss einfach Geld ins Haus."

Doch der Schutzengel ließ nicht locker.

Er fragte wieder: „Liebst du, was du tust?"

„Wenn ich ehrlich bin: Es ist für mich der größte Stress, immer alle zufrieden stellen zu müssen, große

Aufträge zu schreiben. Die Liebe hat in meinem Job nichts verloren. Geld und Erfolg sind wichtig."

„Was sagt dein Herz dazu?"

„Es leidet" antwortete Jakob, ehrlich sich selbst gegenüber und weinte bitterlich bei dieser Antwort.

„Ja, ich weiß. Deshalb bin ich hier. Ich möchte dir etwas zeigen. Kannst du dich an Leo erinnern?"

„Ja, er ist der neue Außendienstmitarbeiter. Bisher hat er noch keine großen Aufträge geschrieben und ist eher unauffällig."

„Leo hat nun deine Kunden übernommen, während du im Krankenhaus bist. Er betreut sie und akquiriert dazu noch Neukundengeschäft. Und ich möchte dir zeigen, wie er das tut."

Wie in einem Film konnte er nun Leo bei der Arbeit zuschauen. Er saß bei einem von Jakobs Großkunden und er konnte hören, wie sie miteinander sprachen. Leo war bemüht, den Kunden glücklich zu machen. Er nahm Verträge auseinander, stellte neue aus und unterm Strich hatte Leo sogar ein Minusgeschäft gemacht. Aber das war ihm egal. Er fühlte sich gut damit und der Kunde war glücklich.

„Ja, kein Wunder, dass der Kunde nun glücklich ist. Er muss ja nun weniger bezahlen als vorher. Nun hat Leo mir meine Folgeprovision versaut", schimpfte Jakob vor sich hin.

„Ich verstehe dich Jakob, aber schaue weiter", sagte der Schutzengel.

Leo ging zu einem Interessenten, den er als neuen Kunden gewinnen wollte. Das Gespräch war faszinierend. Leo ging es nicht darum, dass er große Aufträge abschloss, sondern dass er sich gut fühlte und der Kunde glücklich war. Und das merkte der Kunde. Sie besprachen auch Privates miteinander, es war alles so herzlich, dass Jakob gar nicht mehr aus dem Staunen rauskam. Das Beste war aber dann der Schluss: Der Interessent unterschrieb einen Auftrag ohne dass Leo ihn großartig überzeugen musste.

Jakob spürte eins ganz deutlich: Leo war mit Herz bei der Arbeit. Er ließ sein Herz sprechen. Er tat es nicht, weil er Geld verdienen musste. Leo wollte seine Arbeit mit Freude erledigen. Und er war sich sicher, dass er so auch zum Erfolg kam. Das war dann seine Art von Erfolg.

Jakob durfte Leo noch den ganzen Tag bei der Arbeit zuschauen und allmählich bekam er eine Ahnung davon, wieso der Schutzengel ihm das alles zeigte. Als Leo dann abends zu seiner Familie kam, begrüßten ihn die Kinder. Leo war ausgeglichen und nicht gestresst. Er freute sich, endlich mit seinen Kindern spielen zu dürfen.

Jakob fielen die Schuppen von den Augen.

Leo liebte, was er tat und schnitt sich nicht Tag für Tag von seinem Herzen ab, wie Jakob es machte, sondern nahm es mit zur Arbeit. Er arbeitete, nicht des Geldes wegen, sondern damit er Freude in der Welt verbreiten konnte.

„Danke Schutzengel, ich denke, ich weiß nun, wieso ich das alles sehen durfte."

„Gerne. Und ich freue mich, dass ich für dich da sein konnte. Wenn du mich brauchst, bin ich für dich da, aber das weißt du ja nun. Zögere nicht, mich zu rufen."

„Das werde ich, ganz sicher sogar."

Es dauerte noch ein paar Tage, bis die Ärzte entschieden, das Schlafmittel zu reduzieren. Tag für Tag wurde es weniger und so kam der Moment, in dem Jakob die Augen öffnete. Er schaute in die grünen Augen von Martha. Sie beugte sich über ihren Mann und gab ihm überglücklich einen zarten Kuss auf den Mund.

Jakob flüsterte „Jetzt wird alles gut, ich weiß, wieso ich hier bin."

Auch wenn Martha das alles noch nicht verstehen konnte, so spürte sie Jakobs Zuversicht und Gelassenheit bei diesen Worten.

Eine Woche später, nachdem Jakob wieder bei Kräften war und Martha inzwischen erzählt hatte, was ihm widerfahren war, wurde er entlassen. Ihm wurde eine Reha empfohlen, aber er wusste, was seine beste Erholungsmaßnahme war. Und so rief er spontan bei seinem Chef an, der sich sehr freute, Jakobs Stimme zu hören. Jakob war es wichtig, ein Gespräch mit ihm zu führen, auch wenn er noch nicht sofort einsatzbereit war.

Als Jakob den Betrieb betrat, wurde ihm plötzlich ganz warm. Er wusste, dass er es nun in der Hand hatte, im Kleinen ganz Großes zu bewirken. Er klopfte an der Tür seines Chefs, der ihn mit offenen Armen begrüßte.

Jakob traute sich, ihm in diesem Gespräch alles zu erzählen, auch auf die Gefahr hin, dass dieser ihn für verrückt erklären würde. Dass ihm sein Schutzengel begegnet sei und dass er Leo bei der Arbeit hatte zuschauen dürfen. Er erzählte, was sein Plan war. Nämlich die Werte im Unternehmen neu zu sortieren. Liebe und Vertrauen sollten mehr in den Vordergrund gerückt werden.

Und dann geschah etwas, womit Jakob im Leben nicht gerechnet hatte. Sein Chef stand auf, nahm einen dicken roten Edding in die Hand und ging an den Flipchart. Er zeichnete ein großes Herz dorthin und schrieb „Danke Jakob" darunter.

Das trieb Jakob sofort Tränen in die Augen, obwohl er eigentlich ein gestandener Mann war. Seit dem Herzinfarkt und der Begegnung mit seinem Schutzengel war er jedoch sensibler geworden. Sein Chef ging auf ihn zu, Jakob stand auf und dann umarmten sie sich wie zwei Freunde, die gerade begriffen hatten, worauf es im Leben wirklich ankommt.

Daraufhin sagte Jakob, dass der Chef bitte Leo ins Zimmer rufen solle, der zum Glück an diesem Tag im Haus war.

Leo klopfte, trat ein und war froh, Jakob zu sehen, obwohl sie sich kaum kannten.

Jakob reichte ihm die Hand, zog ihn aber dann in seine Arme. Das war für Leo ein deutliches Zeichen, dass er seinen Job gut gemacht hatte, obwohl kein Wort darüber gesprochen wurde. Sie setzten sich gemeinsam an den Tisch, doch Jakob erhob sich wortlos wieder. Er ging zum Flipchart, nahm den Edding und strich seinen Namen, den der Chef ans Herz geschrieben hatte, durch. Stattdessen schrieb er „Leo" dorthin.

Obwohl kaum gesprochen wurde, hatte dieses Treffen eine Intensität, die kaum auszuhalten war. Jakob und sein Chef wussten, was in den nächsten Tagen zu tun war. Sie fragten Leo aus und beschlossen, dass sie zu dritt nun eine gravierende Änderung im Betrieb vornehmen wollten.

Jakob war noch nicht ganz einsatzfähig, aber mit dem Herzen bei sich und Leo an seiner Seite konnte er das Notwendigste tun. Und die Priorität lag nun ganz klar darauf, die Mitarbeiter für die Zukunft nicht mehr darauf zu schulen, viele und große Aufträge zu schreiben, sondern sie darauf zu fokussieren, dass sie ihren Job mit Liebe erledigen und am Feierabend glücklich nach Hause fahren. Sowohl Jakob als auch Leo und der Chef waren fest davon überzeugt, dass sie die Menschenherzen nur auf diesem Weg im Allgemeinen glücklicher machen konnten. Sowohl im Unternehmen selbst als auch die der Kunden.

In den darauffolgenden Wochen passierte in diesem Unternehmen folgendes: Es wurde viel mehr miteinander gelacht, die Angestellten wirkten ausgeglichener und sie liebten ihre Arbeit.

Und es geschah etwas, was niemand für möglich gehalten und womit auch niemand gerechnet hatte, weil es nicht mehr der Plan war: Sie verdoppelten mit weniger Anstrengung und mehr Freude ihren Umsatz.

Da es ein Franchisebetrieb von dreißig anderen in Deutschland war, machte das sehr schnell die Runde. Die anderen Betriebe fragten sich, was da vor sich ging. Und so freuten sich schon alle auf die nächste Tagung, zu der sämtliche Franchisenehmer eingeladen waren.

Der Vorstandsvorsitzende begrüßte alle und ging von einem Tagungspunkt zum nächsten. Vor der Mittagspause stand auf der Agenda „Austausch Franchisenehmer zur Umsatzsteigerung".

Allen Teilnehmern war schon vorher klar, wer diesen Beitrag federführend leiten würde. Und so kam es auch. Jakobs Chef wurde gebeten zu erzählen, was sie in ihrem Unternehmen so radikal verändert hatten, dass eine Umsatzsteigerung in einem solchen Umfang möglich gewesen sei.

Und so erzählte er alles. Jakob hatte ihm die Erlaubnis gegeben. Egal, wie verrückt es sich anhörte: Er sprach vom Herzinfarkt, über den Schutzengel bis hin zum Gespräch mit Leo. Alle hörten gespannt zu, einige guckten verwundert, aber irgendwie waren sie fasziniert, weil Jakobs Chef etwas ausstrahlte, was sich jeder wünschte: Gelassenheit. Er schien einfach glücklich.

Als Jakobs Chef fertig war, beendete er mit dem Satz: „Und so kann ich sagen, dass es etwas gibt, was uns allen geholfen hat, glücklicher, gelassener und erfolgreicher zu werden: Es war die Liebe. Die Liebe hat uns alle gerettet. Und wer weiß: Vielleicht hat sie sogar mich vor einem Herzinfarkt oder einem Burnout bewahrt. Deshalb bin ich dankbar für alles, was in den letzten Wochen passiert ist."
Die Teilnehmer wussten, das war nun der Schlusssatz. Aber niemand konnte etwas sagen, keiner konnte klatschen. Alle saßen dort, in Gedanken versunken, teilweise wie versteinert, manche konnten sich die Tränen nicht verkneifen und wollten allein sein. Es gab noch nie einen Tagungspunkt, bei dem so viele Emotionen spürbar waren. Der Vorstandsvorsitzende bedankte sich bei Jakobs Chef und läutete, auch sichtlich gerührt, die Mittagspause ein.

Nach der Pause ging die Tagung zwar ordnungsgemäß weiter, aber irgendwie spürten alle, dass sich jetzt etwas Grundlegendes verändern würde.

Zwei Wochen später wurde Jakob ins Büro des Chefs gerufen. Er sagte, er habe ein Fax für ihn. Jakob las, was der Vorstandsvorsitzende des Unternehmens an alle Franchisebetriebe gefaxt hatte.

„Hallo ihr Lieben,

ich denke, die letzte Tagung hat in uns allen Spuren hinterlassen. Und ich möchte mich für den Austausch bedanken, ganz besonders bei Jakob und seinem Schutzengel.

Nachdem ich nun mit allen einzeln von euch Rücksprache gehalten habe, habe ich eine Entscheidung im Sinne aller getroffen: Die Wettbewerbe, die jetzt noch laufen, werden mit sofortiger Wirkung eingestellt. Stattdessen werde ich persönlich jeden Betrieb besuchen, um alle Mitarbeiter kennenzulernen.

Das Geld, das von den einzelnen Betrieben in die Gemeinschaftskasse geflossen ist, um die Wettbewerbe zu finanzieren, wurde zurücküberwiesen und steht euch somit wieder zur freien Verfügung.

Des Weiteren habe ich beschlossen, ein gemeinsames Grillfest zu organisieren, wo alle Mitarbeiter, auch das Reinigungspersonal, aller Betriebe samt Familie eingeladen werden. Auch für Kinderbetreuung wird gesorgt sein.

Bitte macht mir eine Liste aller Anschriften eurer Mitarbeiter, damit ich diesen persönlich eine Einladung zukommen lassen kann.

Ich freue mich auf die Zwischenmenschlichkeit und die Liebe, die durch unsere Herzen zu den Mitarbeitern fließt. Auch die Kunden werden es spüren und ich bin mir sicher, dass wir dazu beitragen, dass das gesamte Menschenbild liebevoller gestaltet wird.

Vielen Dank, dass auch ihr eure Herzen geöffnet habt. Ihr seid großartig ... jeder einzelne von euch!"

Nachdem Jakob diese Zeilen gelesen hatte, liefen ihm die Tränen übers Gesicht. Er umarmte seinen Chef. Sie waren glücklich, dass sie sich getraut hatten, ihrem Herzen zu folgen und sich mit ihren Emotionen so offen zu zeigen.

In den Tiefen des Meeres

Es war einmal ein Tauchlehrer, der mit viel Begeisterung seinen Schülern das Tauchen beibrachte. Einmal wurde er von einem Schüler gefragt: „Sie bringen immer so ungewöhnlich schöne Schätze an Land, wo finden Sie die?"

Der Tauchlehrer entgegnete: „Diese besonderen Schätze sind meist in der Tiefe des Meeres am Grund im größten Schlamm versteckt. Manchmal muss man danach etwas kramen, aber auf jedem Meeresboden lassen sich solche Schätze finden."

„Was glauben Sie, wann auch ich so tief tauchen kann wie Sie? Noch habe ich Angst davor."

„Die Angst verlierst du, je öfter du tauchst. Mit jedem Mal wirst du sicherer und findest dich schneller im Wasser zurecht. Und je öfter du deine Angst überwindest, desto mehr stellt sich die Gewissheit ein, dass du dir und deinem Können vertrauen kannst."

Mach es gut, liebes Leid!

Liebes Leid,

ich weiß heute, dass ich dich selbst erschaffen habe. Und ich übernehme dafür die Verantwortung. Das heißt nicht, dass ich mich schuldig fühle, sondern dass ich in die Selbstermächtigung gehe.

Danke, liebes Leid, dass du mich so lange begleitet hast. Du gabst mir Schutz, wenn ich dachte, ihn zu brauchen. Ich habe dich in mein Leben gelassen, damit ich auch deiner Zwillingsschwester, der Freude begegnen kann. Wärst du nicht gewesen, hätte ich deine Schwester nicht kennengelernt.

Statt mir Schuld zu geben, gebe ich dir die Liebe in deine Hand, um mir selbst verzeihen zu können. Sie wird so lange bei dir bleiben, wie du sie brauchst, um in Frieden gehen zu können.

Liebes Leid, ich kenne nun deine guten Seiten und lasse dich los. Ja, du darfst gehen. Mit der Liebe Hand in Hand. Ich lass dich frei. Ich vertraue.

In Liebe
Ich

Geschenke des Lebens

„Jasmin hätte sich ja wenigstens mal bedanken können für mein Geschenk."

„Ich dachte, es wäre ein Geschenk gewesen."

„Ja, war es auch, aber ich habe echt viel Zeit hinein gesteckt."

„Du hast also einen Dank zurück erwartet?"

„Ja ... irgendwie schon."

„Geschenke kommen aus dem Herzen und sind bedingungslos. Oder würdest du gern ein Geschenk auspacken, auf dem ein Zettel steht: Dieses Geschenk bitte öffnen, aber nur wenn ...?"

„Ich finde aber, es gehört zum Anstand, sich zu bedanken."

„Prüfe dennoch für dich, ob du das, was du gibst, ohne Erwartung, aus dem Herzen gibst oder ob du es vielleicht auch unbewusst tust, um dich selbst mit dem, was zurückkommt, zu nähren. Dieses Bumerang-Schenken funktioniert manchmal, oft jedoch bist du enttäuscht, da du eine Erwartung hattest, die nicht erfüllt wurde."

„Das ist aber nicht immer so einfach."

„In dem Moment, wo du selbst erfüllt bist, kannst du auch bedingungslos geben. Es ist also wichtig, dass du dein inneres Königreich nährst, bevor du anderen davon etwas abgibst. Denn sonst könnte es sein, dass du ein Bettler bist, der unbewusst beim Schenken um Almosen bittet und kein König, der aus der Fülle gibt."

Leben lieben

„Ich will endlich mein Leben lieben!"

„Was tust du stattdessen?"

„Ach, ich lese laufend irgendwelche lehrreichen Bücher, ziehe mir Seminare zur persönlichen Weiterbildung rein oder bin online in vielen spirituellen Foren unterwegs. Und da hab ich jetzt kein Lust mehr drauf. Ständig wird mein Geist gefüttert, aber ich fühle nix. Bin völlig abgestumpft. Und leben ist fühlen. Leben ist nicht nur denken. Ständig fallen mir irgendwelche schlauen Sprüche und Weisheiten großer Denker und Dichter ein. Mich kotzt das an. Das ist doch kein Leben. Ich hirne nur noch!"

„Und was willst du nun tun?"

„Ach, alles eben und nichts. Ich will einfach nicht mehr ständig darüber nachdenken, was ich mache, sondern einfach machen!"

„Und wonach ist dir gerade?"

„Boah, ich würd mal gerne meine Wut rausbrüllen über dieses ganze Hirnschmalz!"

„Dann tu es doch!"

„Jetzt? Aber hier doch nicht. Wir sind mitten in der Stadt!"

„Ich muss lachen. Und wen juckt das? Also mich nicht ..."

„Aaaaaaaaaaaaaaaaaaaaaaaaaaaaaaaaaah", ertönte ein lauter Schrei über den Marktplatz ...

„Hey, für den Anfang schon ganz gut!"

Beide lachten.

Herr Selbstzweifel sucht ein Hotel

Sehr geehrter Herr Selbstzweifel,

vielen Dank für Ihr Interesse an unserem Haus. Da sich nun Herr Vertrauen, Frau Freude, Herr Leben, Frau Liebe und eine Kindergruppe aus dem Albernhort als Dauergäste angemeldet haben, muss ich Ihnen leider bis auf weiteres absagen.

Wir wünschen Ihnen jedoch viel Erfolg bei der Suche einer Unterkunft und eine wundervolle Erholung in Ihrem Urlaub.

Falls Sie in der Nähe sind, schauen Sie doch mal vorbei, Kaffee und Kuchen haben wir stets im Restaurant auf der Terrasse.

Herzliche Grüße
Ihr Haus der Sonne

In der Ruhe liegt die Kraft

Arne und Peter sind schon seit Jahren Arbeitskollegen, sitzen gemeinsam in einem Büro und kennen einander so gut wie ihre eigenen Westentaschen.

Arne gähnte schon zum x-ten Mal an diesem Morgen und meinte völlig übermüdet: „Ich wache nachts um vier Uhr auf und kann nicht mehr schlafen. Tausend Gedanken fliegen mir durch den Kopf. Schlimm ist das in letzter Zeit."

„Oh je, das kenne ich. Als ich neulich auf einem Online-Abendseminar von Robert Betz dabei war, kam dieses Thema auch. Weißt du, was er daraufhin eine Teilnehmerin fragte: Gönnst du dir denn am Tag genug Ruhe? Ansonsten sagt die Seele: Ich kann dich tagsüber nicht erreichen, also komme ich nachts und wecke dich."

„So hab ich das noch nie gesehen. Und klar, wir stecken gerade mitten im Hausbau, da bleibt jetzt wenig Zeit für Ruhe. Ich gehe von der Arbeit heim, ziehe sofort die Arbeitsklamotten an und los geht's. Wenn ich dann spätabends zu Hause bin, wird geduscht und dann falle ich sofort ins Bett, wo ich dann keinen Schlaf finde, obwohl ich eigentlich todmüde bin", seufzte Arne.

„Kennst du die Geschichte vom Holzfäller?"

„Nein ... erzählst du sie mir?"

„Ich habe sie mal irgendwo gelesen: Ein Mann geht im Wald spazieren und sieht einen Holzfäller, der hastig und angestrengt dabei ist, einen auf dem

Boden liegenden Baumstamm zu zerteilen. Er stöhnt und schwitzt und scheint viel Mühe mit seiner Arbeit zu haben. Der Spaziergänger geht etwas näher ran, um zu sehen, was ihm die Arbeit so schwer macht. Schnell erkennt er den Grund und weist den Holzfäller drauf hin, dass er sich die Arbeit unnötig schwer mache, da die Säge ganz stumpf sei und fragt ihn, wieso er sie nicht schärfe? Der Holzfäller schaut nicht einmal hoch, sondern zischt durch seine Zähne, dass er doch sägen müsse und zum Schärfen keine Zeit habe …

So ähnlich machst du das gerade auch mit deinem Körper. Du hast keine Zeit auszuruhen und verlangst gleichzeitig, dass er gut zu funktionieren hat. Das kann auf Dauer nicht gutgehen."

Arne hörte aufmerksam zu und die Geschichte vom Holzfäller stimmte ihn nachdenklich. Nach ein paar Sekunden Stille fragte er: „Peter, du hast eben gesagt, dass du das kennst. Heißt das, du hast für dich eine Lösung gefunden, wie du trotz Stress zur inneren Ruhe kommst?"

„Ja, die habe ich. Im Grunde genommen recht einfach. Glaubst du, dass du täglich eine Minute Zeit finden würdest, wenn du wüsstest, dass das der Beginn wäre, auf Dauer ausgeglichen zu sein?"

„Ja, die Bereitschaft habe ich – auf jeden Fall!"

„Okay. Also die Lösung heißt Meditation. Aber ich weiß, dass viele Menschen in dieses Wort etwas rein interpretieren und gar nicht wissen, was es eigentlich bedeutet. Aber es ist wirklich einfach. Meditation bedeutet nichts anderes, als dich bewusst ins Hier und Jetzt zu rufen. Dass du das wahrnimmst, was ist. Und weder in der Vergangenheit noch in der Zukunft mit deinen Gedanken bist. Begonnen habe ich vor fünf Jahren damit. Und zwar gibt es eine Ein-Minuten-Meditation. Du machst nichts anderes, als dich eine Minute am Tag hinzusetZEN und deine Atmung wahrnehmen. Du wirst sofort merken, sobald du dich auf deine Atmung konzentrierst, atmest du tiefer. Es entspannt dich in Sekunden. Und irgendwann wirst du das Bedürfnis haben, diese eine Minute auszuweiten. Oder du wirst durch die Schärfung des Bewusstseins etwas anderes finden, das diese Wirkung bei dir erzeugt. Bei mir war es so, dass ich mir dann mehrmals am Tag diese Minute genommen habe. Und heute ist es so, dass ich jeden Morgen, bevor ich zur Arbeit fahre, 20 Minuten nichts anderes mache als zu atmen. Also meditieren. Nenne es, wie du willst. Sind ja eh alles nur Wörter. Natürlich kommen auch in stressigen Zeiten dann Gedanken, die mir durch den Kopf fliegen. Das ist alles okay. Trotzdem entspannt es mich und lässt mich mit einem guten Gefühl in den Tag starten."

Arne bekam sofort das Funkeln in die Augen. Man sah, wie ihn allein die Möglichkeit, nur eine Minute am Tag dafür zu investieren, begeisterte.

„Hey, ich habe eine Idee. Wir könnten doch eigentlich die eine Minute hier im Büro meditieren. Hier gehen viele alle zwei Stunden raus rauchen, da werden wir wohl auch mal eine Minute meditieren können", witzelte er.

Peter fand die Idee super! Seitdem atmen sie täglich. Und wenn sie nicht gestorben sind, dann atmen sie noch heute …

Auf dem Weg zur Sonne

„Wann bin ich denn endlich angekommen auf meinem Weg? Er fühlt sich so endlos lang an. Mir scheint es, als wenn ich die Sonnenseite des Lebens nie erreiche. Immer wieder klopft das Leben an und stellt mich vor neue Herausforderungen. Was soll ich nur tun?", fragte Denise ihre Freundin verzweifelt.

Claudia atmete tief durch. Es war nicht das erste Mal, dass Denise sie mit ihren Problemen belagerte und rumheulte. Deshalb nahm sie nun all ihren Mut zusammen und sagte offen und ehrlich, was sie schon lange sagen wollte: „Ach Denise. Rumjammern nutzt dir auch nicht wirklich etwas. Wenn du allein nicht weiter kommst, such dir Hilfe. Du weißt, was zu tun ist! Ich kann dich noch tausendmal in den Arm nehmen, aber ich merke so langsam, dass mein Beistand nicht mehr zieldienlich ist. Es ist doch kein Beinbruch, Mensch! Ganz im Gegenteil. Heutzutage ist es doch fast normal, dass man einen Coach an seiner Seite hat. Du kennst reichlich Adressen, um mit Begleitung einen Blick in deine Seele zu werfen. Du könntest auch Seminare zur Persönlichkeitsentwicklung besuchen. Das brauch ich dir alles nicht sagen. Du weißt es. Aber machst es nicht. Stattdessen jammerst du ewig und drei Tage bei mir und anderen rum!"

Oh je, die Antwort hatte gesessen. Das Gesicht von Denise sprach Bände. Sie war geradezu schockiert über die Offenheit ihrer Freundin, die sie in der Form nicht kannte. Aber Claudia hatte Recht.

Doch Denise hatte Angst. Und das sagte sie auch offen und ehrlich. Angst vor dem, was hochkommt. Angst vor ihren Schattenseiten. Angst davor, Gefühle zuzulassen. Angst, sich zu öffnen. Angst vor Verletzung. Ja, sie hatte einfach Angst. Und deshalb fror sie ihre Gefühle ein und erstarrte in ihrem Leid. Bis zu diesem Tag, an dem Claudia sie fragte:

„Würdest du dem Teufel folgen, wenn er dir den Weg zur Sonne zeigt?"

Ubuntu

Mein erster Afrika-Urlaub. Ein alter dunkelhäutiger Mann mit weißem Kraushaar kam mich am Flughafen abholen und umarmte mich wortlos zur Begrüßung, obwohl wir uns nicht kannten. Er sprach afrikanisch, ich deutsch, wir konnten uns also nicht verständigen. Und trotzdem standen mir sofort vor Rührung Tränen in den Augen. Ich spürte eine Intensität, wie ich sie kaum zuvor kannte. Etwas Besonderes.

Wir fuhren dann an den Ort, wo er zusammen mit seiner Familie und Freunden lebte. Sie hatten nicht viel. Im Vergleich zu mir hatten sie gar nichts. Es standen ein paar Holzhütten dort, in denen sie lebten und in der Mitte brannte ein großes Lagerfeuer. Am Abend unserer Ankunft saßen alle um das Feuer, trommelten und sangen afrikanische Melodien in Worten, die ich nicht verstand. Der alte Mann führte mich dorthin und ich wurde mit wärmenden Blicken empfangen. Wieder keine Worte. Und doch wusste ich, dass ich herzlich willkommen war.

Ich schlief fünf Tage in einer dieser Hütten, integrierte mich in die Gemeinschaft, in die Einfachheit, die dort herrschte. Ich verstand kein Wort und doch erreichte mein Herz so viel Wärme, wie ich es nicht in Worte fassen kann.

Als ich wieder heimfahren musste, standen alle im Kreis, ich in der Mitte, und sangen ein Lied. Ich verstand wieder nichts. Aber als sie zum Abschied die Hände auf mich legten, musste ich endlos lange weinen. Und sie hielten ihre Hände so lange auf mir, bis ich fertig war. Auch jetzt kommen mir noch die Tränen, wenn ich daran denke. Danach verabschiedeten sie sich einzeln von mir. Jeder nahm mich in seine Arme und sagte „Ubuntu". Ich war so berührt. Nicht nur körperlich, sondern vor allem in meiner Seele. Ein unbeschreibliches Gefühl.

Auf dem Rückflug saß ich im Flugzeug neben einem Afrikaner, der aber auch deutsch sprach. Ich fragte ihn, ob er mir ein Wort übersetzen könnte. Er verriet mir dann, dass Ubuntu nichts anderes bedeuten würde als „Ich bin, weil wir sind."

In diesem Moment kamen mir wieder die Tränen und er nahm mich schweigend in den Arm. Geborgenheit machte sich breit. Als ich zu Ende geweint hatte, gab er mir einen Kuss auf die Stirn und sagte ebenfalls ganz sanft „Ubuntu".

Ein Urlaubsbericht ist normalerweise länger, aber ich habe kaum Worte. Das Wichtigste ist gesagt. Denn eins weiß ich seitdem:

**Liebe ist die Sprache,
in der es keine Worte braucht.**

Adoption des Herzens

„Was soll ich bloß tun? Unsere Ehe läuft alles andere als rund. Am liebsten würde ich mich trennen, aber das kann ich doch meinen Kindern nicht antun, oder?", seufzte Conny.

Ihre Freundin Tamara brauchte da nicht lange überlegen.

„Du weißt doch, wie ich darüber denke. In meinen Augen können die Eltern, die in sich glücklich sind, ihren Kindern am ehesten Liebe, Wertschätzung und Geborgenheit vermitteln. Weil sie das alles selbst auch in sich tragen. Glückliche Eltern geben aus der Fülle. Das ist ein anderes Geben als das aus dem Mangel. Denn im Mangel erwartet man beim Geben meist etwas zurück. Wenn es dir also in deiner Ehe so schlecht geht, dass du unglücklich bist, dann ändere etwas! Wie dieses ‚Ändern' allerdings konkret aussieht, kann ich dir auch nicht sagen."

„Mit einer Eheberatung haben wir es schon versucht, aber wir kommen einfach auf keinen grünen Zweig. Wir haben uns in völlig andere Richtungen entwickelt. Ich habe an mir gearbeitet und mir wird immer bewusster, dass ich in meinen bisherigen Beziehungen, auch mit meinem jetzigen Mann, keine Liebe gelebt habe."

„Was hast du dann gelebt?", fragte Tamara interessiert.

„Das Gebrauchtwerden. Ich habe meinen Mann gebraucht, damit meine Kinder einen Vater hatten.

Ich habe ihn gebraucht, damit er mir finanzielle Sicherheit gibt. Ich habe ihn gebraucht, um mich geliebt zu fühlen, weil ich es selbst nicht tat. Ja, ich habe ihn für alles Mögliche gebraucht. Aber geliebt habe ich nicht wirklich. Ich glaube heute, dass ich es gar nicht konnte. Gerade entdecke ich ja erst die Selbstliebe wieder. Und je mehr ich diese für mich fühlen kann, spüre ich gleichzeitig, dass das, was ich mit meinem Mann lebe, unehrlich ist. Unehrlich mir selbst gegenüber, unehrlich meinem Mann gegenüber und unehrlich den Kindern gegenüber! Verstehst du, was ich meine?"

„Und wie gut ich das verstehe! Dann kennt dein Herz ja die Antwort schon."

„Ja, das denke ich schon länger. Aber ich habe Angst. Meine Familie wird mich mit Argusaugen betrachten, sie können mich überhaupt nicht verstehen und die Leute im Dorf, sie werden auch reden", meinte Conny etwas traurig.

„Ich kenne das Gefühl sehr gut, was du da beschreibst. Du willst zu dir stehen und weiterhin zur Familie und Dorfgemeinschaft gehören, denkst aber, dass beides zusammen nicht möglich ist, kann das sein?"

„Du hast es erfasst!"

„Also ich konnte für mich eine Erfahrung machen: Wenn ich wirklich zu mir selbst gestanden habe und Entscheidungen mit meinem Herzen getroffen habe, dann war es schlussendlich nicht mehr wichtig, wie das Ergebnis war. Das Allerwichtigste in den Prozessen war, dass ich mir selbst treu geblieben bin. Dass ich mich nicht verleugnet habe, um anderen gerecht zu werden auch auf die Gefahr hin, wichtige Beziehungen aufs Spiel zu setzen. Dass ich mir selbst, wenn auch auf wackeligen Beinen, im Spiegel in die Augen schauen konnte und für mich wusste: Genau so und nicht anders! Und das Interessante daran war für mich jedes Mal: Nach solchen Entscheidungen fügte sich alles irgendwie wie von selbst. Kann das jetzt auch nicht so richtig beschreiben, aber es war so, als wenn da oben jemand mithilft und den Rest dazu tut."

„Das hört sich so gut an, Tamara! Ich habe auch irgendwie die Hoffnung, dass es bei mir so sein wird, aber wissen tue ich es halt noch nicht."

„Dann vertraue mir einfach, ich weiß es schon!", lächelte Tamara ihre Freundin ermutigend an.

Nach diesem Gespräch folgten viele weitere Gespräche, in denen sich Zweifel, Ängste und Unsicherheit von Conny spiegelten. Aber irgendwann war sie an dem Punkt, wo sie deutlich spürte: JETZT ist es soweit. Und so nahm sie all ihren Mut zusammen und trennte sich von ihrem Mann. Wie schon fast erwartet, beschimpfte ihre Familie sie: Sie sei verantwortungslos, was sie nur ihren Kindern antue und dass sie ja nun wohl völlig durchgeknallt sei. Aber egal, was andere Menschen sagten, Conny wusste, dass sie sich selbst treu bleibt. Und egal wie anstrengend es war, durch diesen Prozess durchzugehen, sie würde es für sich tun. Und für ihre Kinder. Sie vertraute darauf, dass ihr Herz sie in die Liebe leitet, auch wenn sie zu dem Zeitpunkt noch nicht wusste, wie das genau aussehen würde.

Monate vergingen, bis Conny eine neue Wohnung gefunden hatte und mit ihren zwei Kindern umziehen konnte. In den Nachbarsort, in ein Haus, in dem vier weitere Mietwohnungen waren. Recht schnell lernte sie den Mieter nebenan kennen. Es war Rainer, ein attraktiver Mann, 42 Jahre, der im Rollstuhl saß. Er kam trotz seiner Behinderung im Leben prima zurecht und war froh, dass endlich nochmal Leben ins Haus kam. Er liebte Kinder nämlich über alles, auch wenn er selbst keine hatte.

Conny und Rainer saßen bei gutem Wetter oft draußen, sie quatschten über Gott und die Welt und die Kinder fühlten sich in seiner Gegenwart einfach wohl. Er hatte so viel Humor, war sensibel und respektvoll. Eine tolle Freundschaft hatte sich innerhalb kurzer Zeit entwickelt und alle genossen die neue Situation. Irgendwann musste Conny an die Worte ihrer Freundin Tamara denken, die auch oft zu Besuch kam. Jetzt war Conny sich auch sicher, dass die Entscheidungen des Herzens einem neue Begegnungen ins Leben bringen, an die man zuvor nicht geglaubt hat.

Es gab einen Sommerabend, die Kinder waren schon im Bett und die beiden saßen bei einem Glas Rotwein draußen. Conny war es ein Bedürfnis, Rainer etwas zu sagen.

„Weißt du, Rainer, ich glaube, du bist der erste Mensch, der meine Kinder so nimmt wie sie sind. Du hast nie verurteilt und hast mit ihnen einen besonderen wertschätzenden Umgang. Sie lieben dich einfach."

Rainers Augen füllten sich mit Tränen. Tränen vor Rührung. Weil es genauso war. Er liebte Connys Kinder bedingungslos.

„Ja, ich habe deine Kinder in mein Herz geschlossen. Sie sind halt so, wie sie sind. Jedes für sich auf seine Art einzigartig. Eine Adoption des Herzens kann schnell gehen. Vor allem ist sie so unbürokratisch ohne jegliche Papiere", lächelte Rainer.

„Und es tut ihnen so gut!"

„Nicht nur ihnen, mir auch!"

Vertrauen ist der Schlüssel

Nachdem Kerstin ihr erstes Buch geschrieben hatte, folgten aufregende Momente. Sie war so stolz, dass sie endlich etwas ganz ohne fremde Hilfe auf die Beine gestellt hatte. Als sie das Paket mit den ersten Büchern auf der Post abholte, konnte sie nicht länger warten und öffnete es bereits im Auto. In diesem Moment brachen alle Dämme. Die Tränenschleusen waren geöffnet. Sie konnte sich kaum beruhigen. Das war so toll, ein so unglaubliches Gefühl. Sie war überglücklich, da war das Buch noch kein einziges Mal verkauft.

Und weil sie sich so freute, freuten sich andere einfach mit. Sie bestellte sofort Eigenexemplare, nahm Vorbestellungen entgegen und verschickte die ersten Bücher, alle persönlich handsigniert. Ihr machte es unglaubliche Freude, die Päckchen zu packen, Widmungen zu schreiben und ihrer inneren Stimme zu folgen. Als sie fertig war, hatte sie das Gefühl, als wenn sie riesige Kartons Liebe zur Post bringe. Das Gefühl des Glücks breitete sich weiter aus.

Und dann kam eines Tages ein Autoren-Kollege und sagte: „Aber Kerstin, wenn du die Bücher selbst verschickst, dann kannst du bei Amazon gar nicht in den Bestseller-Listen steigen!"

Oh je, was war das denn nun? Bestsellerlisten? Wo gab es so was? Und wie kommt man da rein? Bestseller? Natürlich wollte Kerstin die Beste sein. Oh

Mann, da war es wieder, das Problem. Dabei hatte sie sich gerade noch gefreut, dass ihr Herz so erfüllt war. Und nun das! Sie merkte, wie ihr Ego durchtrieben wieder nach vorne marschieren und das Beste sein wollte. Ein altes Muster, ihr sehr bekannt.

Als sie vor ein paar Jahren in einer Werbeagentur in der Telefonakquise anfing, war sie auch die Beste. Ja, sie war sogar richtig gut am Telefon. Und auch wenn sie es nicht zugab: Sie freute sich, wenn andere Telefonisten „klein" gemacht wurden. Denn dann war sie „groß". Schließlich kam sie aus einer gescheiterten Selbständigkeit und fühlte sich wie eine Versagerin. Da tat das gut. Auch wenn sie dadurch nur in der Chefetage beliebt war und die anderen Telefonistinnen sie mit Argusaugen betrachteten, weil sie ja immer die „tolle Kerstin" vor die Nase gehalten bekamen. Doch je mehr sie sich durch Seminare persönlich entwickelte, desto deutlicher sprach ihr Herz zu ihr. Und irgendwann verstand sie für sich:

**Es zeugt von eigener Kleinheit,
sich selbst groß machen zu wollen.**

Als sie das verinnerlicht hatte, veränderte sich auch das Klima im Büro. Sie bekam zu den anderen Telefonistinnen eine menschlichere Beziehung. Sie setzte sich auch für die anderen ein und wollte sich selbst nicht mehr groß machen.

Und da sie diese Lektion damals schon gelernt hatte, wollte sie auf der einen Seite natürlich viele Bücher verkaufen, auf der anderen Seite wollte sie aber auf keinen Fall die Beste sein.

Das war sie auch nicht, aber ihre Bücher krabbelten tatsächlich in die Bestsellerlisten und was machte Kerstin? Einerseits freute sie sich, aber irgendwas in ihr ermahnte sie sofort, dass Freuen nicht erlaubt ist. Sie soll daran denken, was sie schon einmal erlebt hat. Denn sie wusste ja inzwischen, dass Anerkennung nur der Schrei nach Liebe ist. Und dass die Aufmerksamkeit von außen ihr ganz gefährlich werden kann. Und überhaupt: Sie hatte schon oft anderen Menschen geschadet, weil sie das Rennen machen wollte.

Mannnnn – was für ein Dilemma!

Egal wie Kerstin es für sich drehte, sie konnte sich selbst nicht gerecht werden. An ihrem Ziel, keine Aufmerksamkeit von außen zu brauchen, scheiterte sie wieder einmal. Und das schon seit Jahren! Doch als sie nun dieses Gefühl spürte, hinterfragte sie, wieso das so ist. Sie war sich sicher, dass es immer noch mit mangelnder Wertschätzung sich selbst gegenüber zu tun hatte. Aber was konnte sie tun? Sie tat ja schon alles!

Und so formulierte sie ihre Hilflosigkeit in einem Blog, den nur wenige vertraute Menschen lesen können. Ein Blogfreund, auch Autor, namens „Zungenköder" stellte Fragen wie:

- Wozu dient dir die äußere Beachtung von anderen?
- Weshalb bist du dir nicht genug?
- Was soll dir bestätigt werden?
- Liebst du dich selbst?
- Bist du Marionette deiner Gefühle?

Und Kerstin antwortete ehrlich, auch sich selbst gegenüber: „Ja, das sind sie, die Kernfragen. Und selbst wenn ich zugebe, dass ich Aufmerksamkeit brauche und mich nicht voll und ganz selbst liebe, habe ich die Lösung für mich noch nicht. Fakt ist, dass ich ein anderes Ziel brauche. Nicht eines, an dem ich ständig scheitere. Hast du eine Lösung für dich gefunden?"

Die Antwort ließ nicht lange auf sich warten. Er schrieb: „Eine Möglichkeit ist, dieses Zulassen in aller Konsequenz zu leben. Darin entfaltet sich eine Freiheit und es ergeben sich Möglichkeiten, die man zuvor nicht einmal geahnt hatte. Ohne jegliche Vorstellung von dem, was sein könnte, einfach zulassen und annehmen. Nicht in dieses (nur) Denken fallen und durchziehen, sondern aus tiefem Vertrauen zulassen und zu wissen, alles ist, wie es ist. Ist es doch sowieso, wir haben es (bereits) angenommen, sehen es, durchblicken es, erkennen es nur nicht mehr. Wir bewerten und analysieren alles Mögliche und geben Regeln und Gebote als vermeintliche Moral aus.

Kinder haben es noch, bis sie völlig konditioniert in die „Erwachsenenwelt" entlassen werden. Der Verstand will das alles verstehen und wird scheitern. Es ist, wie es ist und soll gelebt werden.

Wenn ich dir irgendwelche Methoden oder andere weitere Erklärungen angeboten hätte, hättest du vermutlich mehr damit anfangen können. Jedoch sehe ich darin nur weitere Konstrukte, Konzepte, etwas zu überwinden oder zu erklären, was weder überwunden noch erklärt werden kann. Es ist immer dasselbe:

**Der Mensch möchte nicht,
was gerade ist und dann leidet er.**

Wir haben nur einen Augenblick in diesem Universum und in diesem Bewusstsein. Dieser ist kostbar und gleichzeitig völlig bedeutungslos. Das Universum wird sich durch uns bewusst. Und selbst das sind alles nur Konstrukte und können geglaubt oder angezweifelt werden. Deswegen ist es mit dem Verstand auch nicht zu begreifen und daher kann kein Mensch die Lösung erklären. Er kann sie nur leben. Es ist, wie es ist!"

An Kerstins 40. Geburtstag morgens vor dem Frühstück las sie diese Zeilen. Und genau in diesem Moment geschah etwas ganz Entscheidendes. Sie wusste ja schon darum, dass es wichtig ist, die Dinge anzunehmen, die man weg haben will. Da man allem, was man weg haben will, Macht gibt und alles, was man annimmt, entmachtet. Doch trotz des Wissens bekam sie es nicht immer hin.

Dieses Mal passierte aber etwas anderes. Denn sie stellte sich danach eine Frage: Was würde passieren, wenn es völlig okay wäre, Aufmerksamkeit zu brauchen UND diese auch zu leben? Ja, es ging darum, auch zu leben, was da ist! Sie dachte nicht weiter, sondern guckte nur, was in ihr passierte. Und in dem Moment, als sie sich nur auf den Gedanken einließ, kippte es schon in ihr. Sie kam ins Fühlen. Jeglicher Widerstand löste sich auf und sie musste lächeln. Sie hatte in dem Moment ihren inneren Krieg beendet.

Ihr wurde klar, dass sie eh durch ihre Fotografie und die veröffentlichen Bücher in der Öffentlichkeit stand, wenn auch noch im kleinen Rahmen. Aber solange sie gegen diese Aufmerksamkeit kämpfte, sie ablehnte und auf keinen Fall davon abhängig sein wollte, passierte genau das Gegenteil. Sie war unsicher, führte innerliche Kriege und litt. Wie paradox. Da hatte sie Erfolg und konnte ihn nicht einmal genießen. Schluss damit!

Ab dem Tag tobte sie sich in ihrer Aufmerksamkeit aus. So dachte sie zumindest. Aber im Grunde genommen war es nicht anders als vorher auch schon. Mit dem Unterschied, dass sie sich nicht mehr verurteilte für das, was sie tat. Und genau das war der Schlüssel.

Natürlich könnte jetzt der ein oder andere sagen: Ja, jetzt hat sie es zwar angenommen, aber ist es denn nicht trotzdem schädlich, wenn man Aufmerksamkeit braucht und somit von außen abhängig ist, um die eigenen Minderwertigkeitsgefühle zu kompensieren? Darum ging es gar nicht. Und das hat auch Kerstin zu diesem Zeitpunkt erst begriffen. Es ging darum, dass sie bislang ablehnte und verurteilte, was eh da ist!

Sie stellte sich ab diesem Tag bei vielen Gedanken, die sie ablehnend sich selbst gegenüber hatte, die Frage: Was passiert, wenn du jetzt annimmst, was da ist? Manchmal konnte sie genau das fühlen, manchmal auch nicht. Und auch das war dann okay. Sie versuchte, ihre selbstverurteilende Haltung, die sie immer noch ab und zu spürte, zu verändern. Besonders wenn sie mit sich allein war, dachte sie schlecht über sich und verfluchte, was sie tat. Manchmal dachte sie wirklich, es sei eine immerwährende Aufgabe. Es gab aber auch immer mehr Tage, da war sie sich sicher: Jetzt bin ich „durch"!

Sich selbst nicht voll und ganz lieben zu können, ist nicht schlimm. Schlimm wird es erst, wenn das, was eh da ist, abgelehnt und verurteilt wird. Denn durch das Annehmen dessen, was da ist, gehen wir automatisch den Weg in die Selbstliebe. Hört sich nun paradox an, ist aber so.

Kerstin hatte sich entschieden, sich nicht mehr selbst zu demütigen. Sie hatte sich in der Vergangenheit viel zu oft Gedanken darüber gemacht, was andere Leute über sie denken. Sie fühlte sich minderwertig und stellte vieles in Frage, was sie tat: Nerve ich vielleicht? Mache ich zu viel? Ist es gut genug, was ich schreibe? Die reinste Selbstkasteiung war das. Aber hätte sie die Selbstzweifel nicht kennengelernt, wüsste sie auch nicht, wie es sich anfühlt, sich selbst vertrauen zu können.

Ja, so ist das mit den Gegensätzen. Wir können uns nur entwickeln und den Weg in die Liebe gehen, wenn wir uns über die Gegensätze erfahren.

Als Kerstin dann von einer Leserin gefragt wurde: „Wie schaffst du es nur, immer so fröhlich zu sein?", schrieb sie sich ein paar Zeilen von der Seele, die an diesem Tag dringend raus mussten:

Du willst wissen, wieso ich oft fröhlich bin?
Weil ich weiß, wie es ist, traurig zu sein. Weil ich die Durststecken kenne und nach außen hin oft gelacht habe, um nicht weinen zu müssen.

Du willst wissen, wieso ich vertrauen kann?
Weil ich das Gefühl kenne, alles kontrollieren zu wollen, wenn man sich selbst nicht vertraut. Ich weiß, wie es ist, seinen eigenen Gefühlen gegenüber misstrauisch zu sein und wie schlimm es für die Mitmenschen und mich selbst ist, alles in Frage zu stellen.

Du willst wissen, wieso ich Frieden spüre?
Weil ich viele Kriege geführt habe. Ich habe so lange gegen mich und andere gekämpft, bis ich keinen anderen Weg mehr sah als aufzugeben.

Du willst wissen, wieso ich für mich einstehe?
Weil ich in Abhängigkeiten lebte und genau weiß, wie es sich anfühlt, völlig hilflos zu sein, wenn andere die Macht über mich hatten. Und wie es ist, sich nicht zu trauen, aus lauter Angst, das zu sagen, was man eigentlich sagen will.

Du willst wissen, wieso ich dankbar bin?
Weil es Zeiten gab, in denen ich immer mehr wollte. Mehr Geld, mehr Erfolg, mehr von allem. Und auf diesem Weg brach alles weg. Ich stand mit nichts da und heute weiß ich, dass dieses „Nichts" viel mehr ist, als mir zu dem Zeitpunkt bewusst war.

Du willst wissen, wieso ich mutig bin?
Weil ich viele Ängste, die ich in meinem Leben hatte, durchlebt habe. Ich weiß, was es bedeutet, da durchzugehen und wie es sich hinterher anfühlt. Und ich weiß, dass sich jedes Mal der Mut gelohnt hat. Denn aus jeder Angst, die ich überwunden hatte, entwickelte sich mehr und mehr Vertrauen.

Du willst wissen, wieso ich stark sein kann?
Weil ich mit meinem Muster als Sorgenkind viel Schwäche gezeigt habe. Der Aufmerksamkeit wegen.

Ich weiß, wie es ist, als schwach da zustehen. Ich weiß, wie es ist, sich Hilfe zu holen, weil man das Gefühl hat, allein nicht klarzukommen.

Du willst wissen, wieso ich lebe?
Weil ich oft genug daran dachte, zu sterben. Ich wollte nicht mehr auf dieser Erde sein, weil ich mir selbst nicht genügte. Meinen Spiegel wollte ich am liebsten zertrümmern, und dem Tod war ich manchmal näher als dem Leben.

Du willst wissen, wieso ich lieben kann?
Weil ich mich selbst nicht liebenswert fand. Weil ich dachte, alle anderen erfahren mehr Liebe als ich. Doch inzwischen weiß ich, dass es die Liebe ist, die mich immer begleitete. Sie schenkt mir heute die Kraft, aufzustehen, wenn ich am Boden liege. Die Liebe führt mich, wenn ich nicht weiter weiß. Und die Liebe baut Brücken, wo eigentlich keine sind.

Auch zu dir ... ♥

Während sie diese Zeilen schrieb, liefen ihr die Tränen an den Wangen runter. Sie war dankbar für alle Erfahrungen, die sie machen durfte, denn nur so kam sie dorthin, wo sie heute war. Sie spürte immer mehr, was es bedeutet, aus dem Herzen zu leben. Sie vertraute immer öfter ihrer inneren Stimme.

Manchmal kamen noch so kleine fremde Männchen in ihr Ohr, die sagten „Das tut man aber nicht!" oder „Hast du dir das auch gut überlegt?".

Dann war sie wieder kurz verunsichert, aber dachte sofort an die Worte von Marianne Williamson:

„Jeder Mensch ist dazu bestimmt, zu leuchten! Unsere tiefgreifendste Angst ist nicht, dass wir ungenügend sind, unsere tiefgreifendste Angst ist, über das Messbare hinaus kraftvoll zu sein. Es ist unser Licht, nicht unsere Dunkelheit, die uns am meisten Angst macht. Wir fragen uns, wer ich bin, mich brillant, großartig, talentiert, phantastisch zu nennen? Aber wer bist du, dich nicht so zu nennen? Du bist ein Kind Gottes. Dich selbst klein zu halten, dient nicht der Welt. Es ist nichts Erleuchtetes daran, sich so klein zu machen, dass andere um dich herum sich nicht unsicher fühlen. Wir sind alle bestimmt, zu leuchten, wie es die Kinder tun.

Wir sind geboren worden, um den Glanz Gottes, der in uns ist, zu manifestieren. Er ist nicht nur in einigen von uns, er ist in jedem einzelnen. Und wenn wir unser Licht erscheinen lassen, geben wir anderen Menschen die Erlaubnis, dasselbe zu tun. Wenn wir von unserer eigenen Angst befreit sind, befreit unsere Gegenwart automatisch andere."

Kerstin glaubt auch daran, dass jeder Mensch dazu bestimmt ist zu leuchten. An sich selbst zweifelt sie zwar ab und zu noch, aber in ihrem Innersten weiß sie, dass es dort hell ist. Wie in jedem anderen auch! Manche Menschen kennen sich nur im Leid besser aus als in der Freude. Deshalb halten sie an Altem fest und können nicht an sich selbst glauben. Kerstin ging es lange Zeit auch so. Doch durch alles, was sie für sich genutzt hat, um sich persönlich zu entwickeln, vertraute sie sich immer mehr. Und genauso ist dieses Buch entstanden. Sie hat geschrieben, was aus ihr herausströmte. Ohne zu hinterfragen. Sie ließ sich führen. Teilweise las sie anschließend ihre eigenen Geschichten und fragte sich: Wo kam das denn nun her? Es war so, als wenn da manchmal irgendwer in ihr sitzt, der diktierte. Sie war sich auch sicher, wer das war. Und zwar die Herzensstimme, die jeder in sich trägt, wenn er es zulässt, indem er einfach das tut, was ihm Freude bereitet.

Sie wünscht sich nichts sehnlicher, als dass die Menschen, die dieses Buch lesen, ihre eigene innere Stimme auch immer deutlicher wahrnehmen. Dass jeder, der noch durch Ängste im Leben getragen wird, die Gewissheit erlangt, dass er seinem Herzen folgen kann, denn …

Vertrauen ist der Schlüssel

Dankesworte!

Danke an alle Leser für das Vertrauen, auch für die herzlichen Rezensionen und teilweise privaten Feedbacks, die mich sehr berührten.

Danke Sabine Schaub, dass ich deine Geschichte niederschreiben durfte. Ich bin mir sicher, sie wird viele Menschenherzen berühren.

Danke Sandra Dasberg, dass ich unser Gespräch metaphorisch verpacken durfte. Du weißt gar nicht, wie sehr es anderen die Augen öffnen wird!

Danke Ulrike Hirsch, dass du meinem Buch wieder die überaus passenden Illustrationen geschenkt hast. Einfach wunderbar!

Danke Elsa Rieger für dein Lektorat, bereits zum dritten Mal. Es ist wunderschön, wenn die Chemie stimmt und alles so herrlich einfach ist.

Danke an meine Familie, besonders meine Neffen, die mir gezeigt haben, was im Leben wirklich zählt.

Bislang von Kerstin Werner veröffentlicht:

Berührende Kurzgeschichten:

- Gefühle zeigen erlaubt
- Vertrauen ist der Schlüssel
- Dein Herz darf leuchten

Herz- und augenöffnende Ratgeber:

- Freiheit, ich komme!
- Wach auf – Dein Leben wartet
- So ist das also! Die Herzenssprache verstehen
- Hab Mut zur Lebensfreude

Kinderbücher:

- Die mutige Schneeflocke (ab 3 Jahre)
- Weißt du, wie wertvoll du bist? (ab 5 Jahre)

Über die Autorin

Kerstin Werner wurde 1973 in der wunderschönen Eifel geboren, wo sie auch heute lebt und arbeitet.

Durch zahlreiche Seminare zur Persönlichkeitsentwicklung und einer Ausbildung zum NLP-Coach konnte sie viele Erfahrungen sammeln, die in ihren Büchern Ausdruck finden.

Kreativität, Inspiration und Humor sind ihre größten Stärken. Sie liebt nicht nur das Schreiben, sondern ebenso das Fotografieren.

www.kerstin-werner.de

Über die Illustratorin

Ulrike Hirsch, Künstlerin mit Leib und Seele, fertigt mit Liebe und Hingabe Auftragsmalereien an, illustriert Bücher für Groß und Klein, ist Grafik-Designerin mit Herz und auch leidenschaftliche Musikerin.

Außerdem begleitet sie Menschen in ihren Workshops und Einzelarbeiten bei dem von ihr entwickelten heilsamen Intuitiven Malen.

www.ulrike-hirsch.de

Leserstimmen:

Kurz und präzise auf den Punkt gebracht. Mal was ganz anderes als die anderen Lebenshilfebücher. Ich konnte und kann sie nicht mehr aus der Hand legen, bin begeistert - sie helfen mir unterstützend zu meiner derzeitigen Therapie. Die kurzen Geschichten sind ergreifend und machen Mut.

- Birgit Hellmich -

In einer für mich schweren Zeit habe ich durch die Bücher von Kerstin Werner neue Wege gefunden. Ich kann sie jedem empfehlen. In vielen Geschichten habe ich mich erkannt und viele Tränen beim Lesen laufen lassen. Jetzt kann ich vieles aus einem anderen Blickwinkel sehen und fühlen. „Gefühle zeigen erlaubt" sage ich mir nun täglich und lebe es. Die Bücher gehören zu meinen täglichen Begleitern. Vielen Dank liebe Kerstin für diese Bücher, die mein Leben und Tun verändern.

- Katrin Usdau -

Ich habe alle Bücher von Kerstin Werner gelesen und möchte ihre kleinen Lebensweisheiten, die sie auf ihre ganz eigene, so äußerst liebenswerte Schreibweise dem Leser näher zu bringen weiß, nie mehr missen.

- Ilona Scholl -

Kerstin Werners Bücher muss man einfach gelesen haben. Sie ist ein Mensch, der frei von der Leber weg schreibt. Ehrlich, herzlich und für jedermann verständlich. Sie nimmt kein Blatt vor den Mund, sondern schreibt genauso, wie es aus ihr heraus sprudelt. Das macht sie unheimlich sympathisch. Jeder, der ihre Bücher liest, verändert sein Leben positiv – automatisch. Für mich persönlich waren sie bereichernd, weil ich mich mit allem identifizieren und deshalb den Inhalt nachvollziehen konnte. Dadurch wurde ich wesentlich freier. Danke dafür.

- Erika Auberger -

Wissend, persönlich, anrührend, ermutigend, klar verständlich sind nur wenige Worte, die umschreiben was diese Bücher auszeichnet. Sie holen dich da ab, wo du gerade stehst und begleiten dich dann auf deinem weiteren Weg. Einfach so und werden beste Freunde. Kerstin ist mit ihren Büchern mitten im manchmal schwierigen Leben präsent und fungiert für mich oft als Wegweiser. Danke, ohne dich wäre vieles viel schwieriger.

- *Angela Hrdina* -

Die Würze liegt in der Kürze. Die Themen von Kerstin Werners Geschichten erfüllen mich immer wieder mit guten Gedanken. Sie zeigen mir, dass ich mit meinen Themen nicht alleine bin in der Welt. Sie führen mich raus aus meinen oft destruktiven Gedanken. Ich lese sie gerne, habe auch schon einige verschenkt. Absolute Empfehlung.

- *Pia Maria Schüffelgen* -

Kerstin Werner schreibt gut verständlich, und trifft mit jeder einzelnen ihrer Geschichten mitten ins Herz ihrer Leser! Sie begleitet uns liebevoll auf einem Weg, der uns mit uns selbst und unseren versteckten Gefühlen konfrontiert. Es darf gelacht, und geweint werden! Letztendlich darf alles in Liebe gehen, was uns so lang belastet und behindert hat! Ich kann nur von mir selbst berichten: Jede Geschichte ist ein Aha-Erlebnis!

- *Viola Rest* -

Kerstins Bücher sind nicht einfach nur Bücher. Sie sind ein Erlebnis. Da sie in einem einfachen und erfrischenden Stil geschrieben sind, fühlt sich der Leser direkt angesprochen und einbezogen. Geschichten aus dem Leben für das Leben.

- *Manuela Reiffers* -

Printed in Poland
by Amazon Fulfillment
Poland Sp. z o.o., Wrocław